MERIAN *live!*

Israel

Katja Stumpp lebte als Journalistin fast vier Jahre in Israel und hat sich intensiv mit Land und Leuten, der israelischen und palästinensischen Kultur und dem Nahost-Konflikt auseinandergesetzt.

 Familientipps
 Diese Unterkünfte haben behindertengerechte Zimmer
 Ziele in der Umgebung

Preise für ein Doppelzimmer mit Frühstück:
€€€€ ab 1500 NIS €€ ab 500 NIS
€€€ ab 1000 NIS € bis 500 NIS

Preise für ein Hauptgericht ohne Getränke:
€€€€ ab 100 NIS €€ ab 25 NIS
€€€ ab 50 NIS   € bis 25 NIS

Inhalt

Willkommen in Israel 4

MERIAN-TopTen
Höhepunkte, die Sie sich nicht entgehen lassen sollten 6

MERIAN-Tipps
Tipps, die Ihnen die unbekannten Seiten des Landes zeigen 8

Zu Gast in Israel 10

Übernachten	12
Essen und Trinken	14
grüner reisen	18
Einkaufen	22
Feste und Events	24
Im Fokus – Ruhetag Schabbat	28
Sport und Strände	30
Familientipps	34

◀ Eine gute Übersicht hat man vom Dach der Grabeskirche (▶ S. 91) in Jerusalem.

Unterwegs in Israel 36

Tel Aviv und die Küste	38
Galiläa und Golan	62
Jerusalem und das Tote Meer	88
Der Süden	106

Touren und Ausflüge 120

Von Tel Aviv bis Rosh Hanikra	122
Von Tiberias auf die Golanhöhen	124
Von Jerusalem ans Tote Meer	126
Von Eilat nach Mitzpe Ramon	128

Wissenswertes über Israel 130

Auf einen Blick	132	Kartenlegende	147
Geschichte	134	Kartenatlas	148
Sprachführer Hebräisch/Arabisch	136	Kartenregister	154
Kulinarisches Lexikon	138	Orts- und Sachregister	156
Reisepraktisches von A–Z	140	Impressum	160

✳ Karten und Pläne

Israel Übersicht	Klappe vorne	Jerusalem-Altstadt	91
Jerusalem	Klappe hinten	Eilat	115
Tel Aviv-Jaffa	41	Kartenatlas	148–153
Haifa	51	Die Koordinaten im Text verweisen auf die Karten, z. B. ▶ S. 148, C 2.	
Tiberias	67		

Extra-Karte zum Herausnehmen .... **Klappe hinten**

Willkommen in Israel, dem vielfältigen Reiseziel, das nicht nur ein lebendiges Museum ist, sondern auch attraktive Sport- und Freizeitmöglichkeiten bietet.

Morgens am Mount Hermon Ski fahren, nachmittags im Roten Meer mit den Delfinen schwimmen: Diese Beschreibung wird gern für die Vielfältigkeit Israels bemüht. Tatsächlich kann man in gut fünf Stunden von den Bergen im äußersten Norden bis zum Meer am Ende der Wüste fahren. Nur, warum sollte man das tun an einem Tag? Dazu gibt es doch entlang der Strecke viel zu viel zu entdecken.

Land der Extreme

Extreme sind es, die den Charakter Israels bestimmen. Ob in der Natur, der Politik, in der Gesellschaft, der Religion.

Oder in den zwei Großstädten Jerusalem und Tel Aviv. Die Schöne und das Biest. Noch so ein Klischee, noch eines, das ein bisschen zutrifft. Viele Tel Aviver meiden Jerusalem und fluchen herzhaft, wenn sie ins religiöse Herz des Landes fahren müssen. Tel Aviv, das bedeutet liberale, mediterrane Lebenslust mit allem, was dazugehört, auch nicht-koscheres Essen, viel nackte Haut am Strand und ein ausschweifendes Nachtleben. Was soll man da in Jerusalem?

Die fromme Welt auf dem Berg wiederum wendet den Blick ab angesichts des bunten Treibens da unten am Wasser.

◄ Ein Paar genießt die Abendstimmung an der Küste von Tel Aviv-Jaffa (▶ S. 39).

Touristen sind in beiden Welten fast überall willkommen und haben die einmalige Chance, in diesem Spannungsfeld auf kleinstem Raum die unterschiedlichsten Charaktere und Lebensweisen kennenzulernen.

Und überhaupt: Jerusalem lässt niemanden kalt. »Yerushalaim« sagt man auf Hebräisch, »Ort des Friedens«. Die Araber sprechen von »Al Quds«, »der Heiligen«. Die Stadt mit den Heiligtümern der Juden, Moslems und Christen und den Wurzeln dieser Kulturen zieht die Besucher mit der dichten religiösen Atmosphäre in ihren Bann. Die Geschichten König Davids, Jesu und Mohammeds sowie die Spuren der Eroberer und Glaubenskriege versprechen eine spannende Zeitreise.

Als Zentrum des israelisch-palästinensischen Konflikts ist Jerusalem zugleich eine Herausforderung. Es gibt durchaus Bemühungen um einen respektvollen Umgang miteinander, doch häufig verbindet Juden und Araber nur eines: tiefstes Misstrauen und der Anspruch auf Alleinherrschaft im Heiligen Land.

Zeugnisse der wechselhaften Geschichte findet man überall. Im Grunde genommen ist ganz Israel ein großes Museum. Kreuzfahrerburgen, der versunkene Hafen eines Königs sowie mehr als 2000 Jahre alte heilige Texte: Archäologiefans und Gläubige finden hier ganz sicher Erfüllung.

Es locken Namen, mit denen wir seit der Kindheit vertraut sind und mit denen jeder bestimmte Bilder und Emotionen verbindet: Jerusalem, der See Genezareth, Galiläa, Nazareth sowie Bethlehem und Jericho. Letztere gehören zu den Palästinensergebieten.

Mehr Meer geht nicht

Doch das Land der Extreme bietet noch viel mehr: bezaubernde Hügelketten zum Wandern und bizarre Felslandschaften in der Wüste zum Klettern und für Jeep-Touren. Und dann ist da natürlich noch das Tote Meer, der tiefste Punkt der Erde, 400 Meter unter Null. Ein salziges Bad, das unter die Haut geht und auch die Seele streichelt.

Mehr Meer geht übrigens fast gar nicht: Mittelmeer, Rotes Meer, Totes Meer. Auf Englisch hört es sich auch noch hübsch an: »The Med, Red, Dead«. Der See Genezareth hat ebenfalls Strände, und im nördlichen Teil des Jordans kann man Wildwasser-Rafting betreiben.

Einmalig auf der Welt sind die Kibbuzim: Kollektivsiedlungen mit den Prinzipien Gleichheit und gemeinsames Eigentum. Vor mehr als 100 Jahren kam die Idee mit den Zionisten ins Land. 270 solche Orte gibt es heute. In den vergangenen Jahren hat sich die Kibbuz-Bewegung stark verändert und musste sich dem Kapitalismus öffnen. Viele Kibbuzim verdienen jetzt ihr Geld mit Tourismus. Für Urlauber eine gute Gelegenheit, auch dieses Kapitel der Geschichte des jüdischen Staates näher kennenzulernen.

Und dann ist da natürlich die Liebe, die durch den Magen geht: Israelis essen gern und viel. Es gibt fantastische Restaurants. Sie tischen das Beste aus mediterraner, europäischer und arabischer Küche auf. Und spätestens nach dem Abendessen will man nie wieder weg.

MERIAN-TopTen

MERIAN zeigt Ihnen die Höhepunkte des Landes: Das sollten Sie sich bei Ihrem Besuch in Israel nicht entgehen lassen.

 Bauhaus, Tel Aviv
Die »Weiße Stadt« mit 4000 Gebäuden im Bauhaus-Stil ist eine architektonische Sensation (▶ S. 39, 40).

 Bahai-Gärten, Haifa
19 liebevoll angelegte Terrassen und der Schrein des Bab sind das Zentrum der Bahai-Religion (▶ S. 51, 52, 122).

 Altstadt, Akko
Besucher folgen den Spuren von Kreuzfahrern und arabischen Eroberern (▶ S. 56, 123).

 See Genezareth
Vielfältige Attraktionen: die Wirkungsstätten Jesu, Erholung in heißen Quellen und Badespaß (▶ S. 73).

 Bet She'an National Park
Hauptattraktion der Ausgrabungsstätte ist das römische Theater aus dem 1. Jh. (▶ S. 74).

 Jerusalemer Altstadt
Die Heiligtümer dreier Weltreligionen auf engstem Raum: Grabeskirche, Felsendom und Klagemauer (▶ S. 89).

 Israel Museum, Jerusalem
Das bedeutendste Museum Israels zeigt auch die weltberühmten Schriftrollen aus Qumran (▸ S. 97).

 Totes Meer
Ein Schwebebad am tiefsten Punkt der Erde ist ebenso unvergesslich wie die Umgebung (▸ S. 103, 126).

 Ramon Krater, Negev-Wüste
Der gut 350 m tiefe, knapp 40 km lange Krater in der Wüste Negev ist ein Paradies für Wanderer und Geologen (▸ S. 109).

 Coral Beach Naturreservat, Eilat
Nur ein paar Meter vom Strand entfernt, wartet auf Schnorchelfans ein schönes Riff samt bunter Unterwasserwelt (▸ S. 113).

MERIAN-Tipps

Mit MERIAN mehr erleben. Nehmen Sie teil am Leben des Landes und entdecken Sie Israel, wie es nur Einheimische kennen.

 Armenian Pottery, Jerusalem
Und wenn man nur eine Fliese mitnimmt: Handbemalte Keramik ist ein wunderschönes Souvenir (▸ S. 23).

 Nahalat Binyamin Markt in Tel Aviv
Mehr als 200 israelische Künstler bieten dienstags und freitags Schmuck, Keramik und Skulpturen an (▸ S. 47).

 Doña Rosa, Ein Hod
Das argentinische Restaurant in der Künstlerkolonie lockt Steakesser an (▸ S. 50).

 Kurdi und Berit Gewürze in Akko
Ein Fest für die Geschmackssinne sind schon die zwölf verschiedenen Currysorten (▸ S. 60).

 La Crêpe Jacob bei Nahariya
Hervorragende französische Küche und selbst gemachter Ziegenkäse versteckt in einem Moshav (▸ S. 61).

 Arbel Guest House bei Tiberias
Die Shavits bieten ihren Gästen ein kleines Paradies mit tollem Restaurant (▸ S. 70).

 Österreichisches Hospiz in Jerusalem
Wohnen an der Via Dolorosa mit sensationellem Blick vom Dach. Und zum Kaffee gibt's Apfelstrudel (▶ S. 98).

 Ein Gedi Resort am Toten Meer
Die grüne Oase lädt gestresste Urlauber ein, die Seele baumeln zu lassen (▶ S. 104).

 Sonnenaufgang auf Massada
Für dieses Farbenspiel lohnt sich der frühe Aufstieg auf die Festung ganz sicherlich (▶ S. 105).

 Alpaka-Farm in der Negev-Wüste
Bei den netten Tieren mit der tollen Wolle gibt es auch Gästezimmer mit Blick auf die Tierwelt (▶ S. 110).

Im stilvollen Innenhof des American Colony Hotels (▶ S. 98) in Ost-Jerusalem weilten schon viele Prominente aus Politik und Kunst.

Zu Gast in Israel

Heilige Stätten, Mittelmeer-Flair, Familienspaß, Wellness, Romantik, Gaumenfreude oder Sport – Israel bietet Besuchern die ganze aufregende Palette. Langeweile ist hier wirklich ein Fremdwort.

Übernachten
Wohnen im Kibbuz ist ebenso ein Erlebnis wie eine Übernachtung im Luxuspalast. Dann gibt es da noch die vielen romantischen oder familienfreundlichen Plätzchen in der Wüste und im Norden.

◂ Das Österreichische Hospiz (▸ MERIAN-Tipp, S. 98) in Jerusalems Altstadt dient heute wieder als Hotel.

So vielfältig wie die Landschaft, die Natur, die Menschen und die Städte, so vielfältig sind auch die Unterkünfte in Israel. Die Israel Hotel Association (www.israelhotels.org.il) hat 350 Mitglieder in allen Kategorien. Die Fünfsternehäuser in Tel Aviv, Jerusalem, Haifa und Eilat sollten am besten im Voraus online über einen Hotelservice gebucht werden (beispielsweise www.bookings.com, www.hrs.de).
Bitte beachten Sie auch: Preiswerte Hotels entpuppen sich in den Städten gern als heruntergekommene Kästen an lauten Straßen. Hier sollte man sich vorher genau informieren.

Zimmer frei

In Galiläa und auf den Golanhöhen sind mitteleuropäische Urlauber erst einmal erstaunt, wenn sie eine Unterkunft suchen. Die Israelis reden nämlich auch vom »Zimmer«, wenn sie meistens hübsch bis luxuriös eingerichtete **Blockhütten** oder auch nette **Pensionen** meinen. Man darf sich nicht wundern, wenn man fast überall über Jacuzzis mitten im Raum stolpert. Viele Israelis bestehen auf diesen Luxus, oft zum Leidwesen der Betreiber. Aber zugegeben: Im Winter und im noch kühlen Frühjahr ist so ein Bad mit Blick über den See Genezareth eine feine Sache (www.zimmer.co.il). Die Hütten sind zudem mit einfachen Küchenzeilen ausgestattet, Kaffee/Tee sind inklusive.
Pensionen (Bed & Breakfast) in ganz Israel werden auch unter www.b-and-b.co.il angeboten. Hier wird außerdem angezeigt, welche Pensionen sich in der Nähe von Sehenswürdigkeiten befinden.

Wohnen im Kibbuz

Viele Kibbuzim setzen immer mehr auf Tourismus und bieten Zimmer, Räume in **Gästehäusern** und **Öko-Wohnen** an. Das Netzwerk Israel Kibbutz Hotels vermittelt Unterkünfte zwischen Eilat und der Grenze zum Libanon und hat ganze Reisepakete im Angebot. Zum Beispiel Kibbutz Fly & Drive mit mindestens sieben Übernachtungen und Mietwagen (41 Montefiori St., Tel Aviv, Tel. 03/5 60 81 18, www.kibbutz.co.il). Eine günstigere Alternative sind überall im Land die **christlichen Hospize** mit einfachen, aber durchaus angenehmen Zimmern. Die entsprechende Website heißt www.travelujah.com. Ob in Jerusalem, Haifa oder Nazareth – mit diesen Häusern machen Reisende gute Erfahrungen, wenn sie von vornherein keinen Luxus erwarten.
Man sollte bei der Reiseplanung auf die örtlichen Feiertage achten: Die Übernachtungspreise sind zum Beispiel während Pessach, Shavuot oder dem Laubhüttenfest oft doppelt so hoch. Deutlich mehr bezahlt man auch an Wochenenden (Do–Sa) sowie im Juli und August. Dagegen kann man im Frühjahr und Herbst unter der Woche manchmal Schnäppchenpreise ergattern.

Empfehlenswerte Hotels und andere Unterkünfte finden Sie bei den Orten im Kapitel ▸ Unterwegs in Israel.

Preise für ein Doppelzimmer mit Frühstück:

€€€€ ab 1500 NIS   €€ ab 500 NIS
€€€ ab 1000 NIS   € bis 500 NIS

Essen und Trinken
Frisch, betörend, groß – so lassen sich die Portionen in Israel am einfachsten beschreiben. Egal, ob es sich um Fisch, Fleisch oder Gemüse handelt. Und viele Weine sind inzwischen süffig-spitze.

◀ Das Alrida-Restaurant in Nazareth (▶ S. 64) ist bei Besuchern und Einheimischen gleichermaßen beliebt.

Es hat sich viel getan in der israelischen Küche in den vergangenen Jahren. Kritiker, die in den 90er-Jahren noch von ungenießbarem Zeug auf den Tellern sprachen und sich unzufrieden vom koscheren Buffet abwandten, entdecken heute eine ganz andere Geschmackswelt.

Natürlich findet man weiterhin schlechte Restaurants. Aber die Ansprüche der Israelis sind gestiegen, koscher wurde kreativer, und der Konkurrenzkampf ist gnadenlos. Vor allem in der Gourmet-Hochburg Tel Aviv verschwinden Restaurants ruckzuck wieder, wenn sie beim Volk durchfallen.

Schmelztiegel als Küchenhit

Was bei der Integration und beim Miteinander immer noch Probleme mit sich bringt, gilt in der Küche längst als ein Plus: die Tatsache, dass Juden aus mehr als 120 Ländern einwanderten und ihre Esskultur mitbrachten. Der Schmelztiegel verhindert zum einen eine eigenständige israelische Küche, sorgt aber zum anderen für die große Vielfalt. Irakischer Reis mit roten Linsen gehört ebenso auf den Tisch wie ungarische Paprikagerichte und marokkanischer Couscous. Und wer **gefilte Fish** haben will, wird auch gut bedient.

Fischgerichte gibt es ohnehin in allen Variationen. Gebacken, gegrillt, geräuchert, gedünstet. Am berühmtesten und sehr beliebt ist der St. Petersfisch aus den Teichen beim See Genezareth.

Aber zunächst einmal zum Start in den Tag und zum Kaffee. Zum Frühstück wird ein **Hafuch** (Cappuccino) getrunken. Den trinkt man übrigens auch gern noch am späten Abend. Kaffee geht immer.

Die Israelis pflegen eine ausführliche Frühstückskultur. Vor allem Samstagvormittags sind die Restaurants voll, die Tische biegen sich: Verschiedene Käsesorten, Oliven, Brotkörbe, Marmeladen, Eier, Thunfisch, israelischer/arabischer Tomaten-Gurkensalat und Säfte sind Standard. Oder man bestellt **Shakshouka**, ein Eier-Tomaten-Gericht. Auf eines muss man aber in den allermeisten Fällen beim Frühstück verzichten: Wurst. Womit man bei den Speisegesetzen und der Frage angelangt ist: Was ist denn nun **koscher**?

WUSSTEN SIE, DASS ...

... das üppige Frühstück auf die frühen Kibbuzniks zurückgeht? Da wurde ab Sonnenaufgang auf dem Feld gearbeitet, um die Hitze zu meiden. Um 9 Uhr gab es dann zur Stärkung ein großes Frühstück.

Wenn es koscher zugeht

Für Touristen, die sich nur oberflächlich für den Urlaub mit dem Thema befassen, sind die **Kashrut** (jüdische Speisegesetze) überschaubar: Milchiges und Fleischiges gehören nicht zusammen. Lasagne mit Bechamelsoße wird man in einem koscheren Restaurant also nicht finden. Die Hotels haben morgens Buffets mit milchigen Produkten, mittags und abends Fleisch. Eier und Fisch gelten als neutral.

Hintergrund ist ein drei Mal in der Thora erwähnter Satz: »Du sollst nicht kochen ein Böcklein in der Milch seiner Mutter.« In jüdischen Haushalten, die die Kashrut befolgen, bedeutet dies auch, dass man getrenntes Besteck und Geschirr hat. Hotels verfügen außerdem über getrennte Küchen.

Koscher (»rein« für den Verzehr) sind Rind, Ziege, Lamm (Wiederkäuer mit gespaltenen Hufen) sowie Wassertiere mit Schuppen und Kiemen. Tabu sind Schweinefleisch und Schalentiere. Es gibt auch Vorschriften für Vögel und Geflügel, Huhn gehört zu den koscheren Tieren.

Die Details der Kashrut sind für Laien kompliziert. Rabbiner entscheiden über die Vergabe von Koscher-Zertifikaten und sorgen für einen lückenlosen Herstellungsprozess. Koscher bedeutet auch Schächten und Ausbluten lassen. Nach jüdischem Glauben ist im Blut der Sitz der Seele. Wer also Steak bestellt, hat Fleisch auf dem Teller, das in Wasser und dann in Salz lag, bevor es weiterbearbeitet wurde.

Koscher heißt aber auch: keine Lebensmittelskandale. Außerdem wird inzwischen teils so gekonnt mit Zutaten gespielt, dass man eine »Sahnesoße« basierend auf Kokosnussmilch nicht unbedingt von einer echten unterscheiden kann. Aber das ist nicht jedermanns Sache. In Tel Aviv findet man deutlich mehr nicht-koschere Restaurants als in Jerusalem.

Im Gemüseparadies

Geschmacksexplosionen garantieren besonders die Gemüsegerichte und das Obst. Tomaten sind hier reif und nicht wässrig. Auberginen erreichen Kürbisgröße. Es gibt Mangos, Maracujas, Kiwis, alles. Auberginen spielen eine große Rolle in der nahöstlichen Küche: So gehört **Babaganoush** (gegrillte, gehäutete, mit Joghurt, Tahina und Zitrone gemischte Aubergine) zu jeder anständigen **Mezze**, den Vorspeisensalaten. Diese Tradition haben die Israelis längst von den Arabern übernommen. Manche Restaurants servieren ein Dutzend solcher kleinen Teller. Auberginenmus, Auberginensalat, Karottensalat, **Tahina** (Sesampaste mit Öl), **Tabouleh** (Salat aus Bulgur, Gurken, Tomaten, Petersilie) sind einige. Dazu gibt es **Pita**, die Weißbrotfladen.

Hummus muss sein

Wo Pita ist, kann auch **Hummus** nicht weit sein, das Nationalgericht Nummer eins. Dieser grandiose Kichererbsenbrei, der sowohl aus der jüdischen als auch der arabischen Küche nicht wegzudenken ist. **Falafel** sind übrigens frittierte Kichererbsenbällchen. Man bekommt sie im Pita-Brot oder auf dem Teller und kann sich dann selbst noch kleine Salate dazu auswählen. **Shawarma** ist der Döner des Nahen Ostens: entweder Huhn, Lamm oder auch Truthahn.

Die palästinensische Küche bietet neben der Mezze u. a. gegrilltes Fleisch oder Reis-Fleisch-Gerichte mit Linsen oder Nüssen. Nach dem Essen wird **Achwe** in kleinen Tässchen gereicht: arabischer Kaffee mit Kardamom.

Wein und Bier

Was edle Tropfen angeht, so hat sich Israel in der Weinwelt einen Platz erobert und bekommt höchs-

In dieser Bäckerei werden die traditionellen, sehr süßen Backwaren »Baklava« mit Honig und Pistazien gebacken. Statt Pistazien kann man auch Walnüsse verwenden.

tes Lob von Kennern. Gut 200 Winzer pressen inzwischen Trauben. Der israelische Weinkritiker Daniel Rogov nennt die Golan Heights Winery (Quatzrin, www.golanwines.co.il), Yatir (Arad, www.yatir.net) und Margalit (Caesarea, www.margalit-winery.com) als Spitzenreiter. Er glaubt auch, dass die zunehmende Qualität der Weine dafür sorgt, dass mehr getrunken wird. Der Pro-Kopf-Konsum in Israel ist in den vergangenen Jahren von vier auf sieben Liter gestiegen (Frankreich: 60 Liter). Die Preise liegen jedoch höher als zum Beispiel in Deutschland (ab 8 € für eine akzeptable Flasche im Supermarkt).

Die landeseigenen Biermarken heißen **Goldstar** und **Maccabee**. Nach deutschem Reinheitsgebot wird das palästinensische **Taybeh-Bier** gebraut. Es kommt aus einem christlichen Dorf im Westjordanland und ist vor allem in Ost-Jerusalem und Nazareth erhältlich.

Selber machen!

Wer sich näher mit der hiesigen Küche befassen will, sollte sich eine kulinarische Tour mit Selbstversuch nicht entgehen lassen. Kochlehrerin Orly Ziv beginnt den Tag mit ihren »Schülern« auf dem Carmel Markt in Tel Aviv mit einem Frühstück, und dann werden die Zutaten gekauft. Bei Orly kocht man dann gemeinsam und isst mit der Familie. Ein tolles israelisch-kulinarisches Erlebnis (Tel. 0 54/4 64 97 06, www.cookinisrael.com; auch in Jerusalem).

Empfehlenswerte Restaurants finden Sie bei den Orten im Kapitel ▶ **Unterwegs in Israel**.

Preise für ein Hauptgericht ohne Getränke:

€€€€ ab 100 NIS   €€ ab 25 NIS
€€€ ab 50 NIS   € bis 25 NIS

grüner reisen

Wer zu Hause umweltbewusst lebt, möchte dies vielleicht auch im Urlaub tun. Mit unseren Empfehlungen im Kapitel grüner reisen wollen wir Ihnen helfen, Ihre »grünen« Ideale an Ihrem Urlaubsort zu verwirklichen und Menschen zu unterstützen, denen ein verantwortungsvoller Umgang mit der Natur am Herzen liegt.

Öko-Tourismus, ein wachsender Markt

Jeden Tag geben israelische Supermärkte rund 14 Millionen Plastiktüten an ihre Kunden ab. Dort, wo eigentlich trockenes Land sein müsste, werden Bananen angebaut. Ein Kilo benötigt bis zur Reife 400 Liter Wasser. Gleichzeitig sinkt der Pegel des Sees Genezareth und der beiden anderen wichtigen Trinkwasser-Ressourcen in der Region. Es regnet zu wenig, und es wird zu viel abgepumpt.
Israel steht heute weltweit an der Spitze, wenn es um Wassertechnologien wie Entsalzung, Abwasserrecycling oder Bewässerung geht. Doch die Bevölkerung wächst, und der Lebensstandard steigt.
Öko-Tourismus ist jedoch inzwischen ein fester Bestandteil der Tourismuswerbung. Kibbuzim und grüne Veranstalter locken mit Solarenergie, umweltverträglichen Materialien, Recycling und mit der herrlichen Natur. Der Öko-Markt wächst, und beim Tourismusministerium gibt es eine Website mit grünen Reisetipps (www.travelgreenisrael.com). Die Organisation Eco & Sustainable Tourism Israel lässt auf ihre Homepage nur Anbieter, die zumindest grüne Anstrengungen nachweisen können (www.ecotourism-israel.com).

ÜBERNACHTEN

Moshav Amirim ▶ S. 149, E 2

Die Vorreiter-Gemeinde der israelischen Vegetarierbewegung: 1958 gegründet, hat der Ort (150 Familien) bis heute kein Fitzelchen Fleisch gesehen. Barbecues sind verboten. Fisch gibt es auch nicht. Viele Familien bieten Übernachtungsmöglichkeiten.

Das **Ohn Bar Guesthouse** gehört zu den Öko-Häusern. Wasserrecycling steht an erster Stelle. Gäste sollen die umweltfreundlichen Kibbuz-Seifen und -Shampoos benutzen. Vegetarisches Essen kann man sich zur Hütte liefern lassen. Der Ort liegt oberhalb des Sees Genezareth und bietet einen grandiosen Blick.

Amirim, nahe der Straße 866 • Tel. 04/6 98 98 03 • www.amirim.com • 14 Gästehäuser • €€€€–€€€

Succah in the Desert ▶ S. 152, C 9

Hier gibt es keinen Strommast, kein Telefon- und Handynetz, keinen Fernseher. Nur Hütten mitten in der Wüste beim Ramon Krater. Kleine Bauten im Abstand von 150 m. »Wegen der Privatsphäre«, erklärt Besitzer Avi Dror. Avi serviert im gemütlichen Gemeinschaftsraum vegetarische Gerichte. Die mit Palmzweigen bedeckten und mit Naturmaterialien ausgestatteten Hütten haben biblische Namen. Wer zum Beispiel »Sara« reserviert, klettert über drei Holzstufen in ein kuscheliges Doppelbett. Das Licht funktioniert mit Solarstrom, das Toilettenhäuschen steht auf dem nächsten Hügel. Luxus sind hier die Abgeschiedenheit und absolute Ruhe (warme Duschen gibt es aber).

Mitzpe Ramon • Tel. 08/6 58 62 80 • www.succah.co.il • 8 Hütten • €€€

Von der Straße 40 nach Mitzpe Ramon abbiegen, der Straße 5 km folgen, dann beim Schild (Desert Huts 2,5 km) rechts abbiegen und 2,5 km den Feldweg entlangfahren

Hemdatya ▶ S. 149, E 2

Ein Farmhaus aus den 20er-Jahren des vergangenen Jahrhunderts ist für Atalya und Eli Terua zur Herzensangelegenheit geworden: Mit Liebe zum Detail und zur Natur renovierten die beiden das Steingebäude und kreierten fünf wunderschöne Gästezimmer. Der Charme der alten Zeiten gepaart mit grünem Luxus stand dabei im Vordergrund. Im Paradies in Galiläa pflanzten die Teruas auch Obstbäume, legten einen organischen Garten und ein Wassersystem an, das das Wasser aus den Zimmern für die Pflanzen nutzbar macht.

Galiläa, Moshav Ilanya • Tel. 05/45 33 10 33 • www.hemdatya.co.il • 5 Zimmer • €€€–€€

Zimmerbus ▶ S. 150, A 8

Richtig gelesen: ein Zimmer in einem Bus. Als Familie Hirshfeld im Negev Platz für Gäste brauchte, renovierte sie einen alten Bus. Später kamen noch zwei ausrangierte Fahrzeuge dazu, sie dienen heute als sehr komfortable Unterkünfte für Touristen. Die Hirshfelds verputzten die Busse mit Lehm, auf dem Dach sind Palmblätter, die Reifen wurden mit Blümchenmalereien verziert. Der Innenraum erhielt eine Holzverkleidung, Vorhänge in warmen Farben sowie schöne Bäder und Betten. Das Dorf unweit der ägyptischen Grenze ist ein guter Ausgangspunkt für Wüstentouren.

Ezuz Village • Tel. 05/25 29 27 15 • www.exodia.co.il • Frühstück ab 50 NIS, Minimum zwei Nächte • 2 Busse • €€€–€€

Kibbutz Lotan ▸ S. 152, C 11

Gäste wohnen in lehmbedeckten Wüstenhäuschen, deren Dächer mit Küchenöl versiegelt wurden. Es gibt überall Lehmbänke, Hängematten und einen Pool. Der Kibbuz legt großen Wert auf Recycling und betreibt einen organischen Garten. Im Center for Creative Ecology mit Stroh-Lehm-Unterkünften nehmen regelmäßig Studenten an Öko-Kursen teil. Man fährt vorbei an Autoreifen und Schrott und wundert sich zunächst – doch diese Materialien sollen wiederverwendet werden. In der Nähe haben die Kibbuz-Mitglieder eine kleine Vogelbeobachtungsstation gebaut.
Hevel Eilot • Tel. 05/49 79 90 30 • www.kibbutzlotan.com • 20 Zimmer • €
51 km nördl. von Eilat an der Straße 40

ESSEN UND TRINKEN

Yehuda Ve Rosa ▸ S. 149, E 2

Wie das Ehepar Terua haben die Brüder Amir und Amos Arav einem alten Steinhaus im Moshav Ilanya wieder Leben eingehaucht und das Restaurant Yehuda und Rosa gegründet – benannt nach ihren Großeltern, denen das Haus einst gehörte. Artischocken, Brokkoli und Co. kommen aus dem organischen Garten, das Merino-Lamm aus der eigenen Herde.
Galiläa, Moshav Ilanya • Tel. 04/6 76 91 59 • www.yehudaverosa.com • Mo-Sa 12.30-23 Uhr • €€€€-€€€

EINKAUFEN

Lakiya Negev Weaving
 ▸ S. 150, C 7

Das Projekt mit Beduinenfrauen im Negev ist eine Sunbula-Partnerorganisation (▸ S. 21): Herrliche Teppiche aus Schafwolle in erdigen Farben, Taschen, Kissenbezüge kann man hier erstehen.
Lakiya • Tel. 08/6 51 98 83 • www.sidreh.moonfruit.com • So, Mo, Mi, Do 8-17, Sa 10-16 Uhr
6 km nördl. von Be'er Sheva

Nature Scent ▸ S. 152, C 9

Im Industriegebiet von Mitzpe Ramon, zwischen Künstlern und Lofthotel, hat sich Itay Keinan mit seiner ökologischen Seifenproduktion angesiedelt. Für über 100 Produkte hat die nicht so häufig vorkommenden Kamelmilchseifen oder -Bodylotions und Babyöl hat er anerkannte Öko-Zertifikate. »Die Zutaten stammen aus der Gegend«, sagt Itay, »Olivenöl, Honig von den Wüstenpflanzen, Wachs von Jojobabäumen.« Itay Keinan kam zum Seifengeschäft, als 1996 die Waschmaschine kaputt ging und das Wasser in Eimer abgefüllt werden musste. »Da haben wir gesehen, dass wir jedes Mal 50 Liter brauchten – und die Idee entstand, mit abbaubarer Seife zu waschen.« Ein Novum damals in Israel. Familie Keinan holte also weltweit Erkundigungen ein und lernte, Bio-Seifen zu machen.
Mitzpe Ramon, Har Ardon 12 • Tel. 08/6 53 93 33 • www.naturescent.co.il • So-Do 8-19, Fr 8-16.30 Uhr

Sindyanna of Galilee ▸ S. 149, D 2

Ebenfalls eine Sunbula-Partnerorganisation (▸ S. 21), eine jüdisch-arabische Initiative: Körbe, Olivenöl (preisgekrönt), Seife, Gewürze, Honig u.v.m. gibt es hier. Beim Besuch wird das Korb-Handwerk vorgeführt.
Kufr Manda • Tel. 04/9 86 31 91 • www.sindyanna.com • Di, Mi 9-14 Uhr und nach Voranmeldung
10 km nördl. von Nazareth (Straße 784)

So richtig gemütlich ist es im Zimmerbus (▶ S. 19) von Familie Hirshfeld. Von hier aus kann man Kamel- und Allradtouren sowie Wanderungen unternehmen.

Sunbula

Das Wort bedeutet auf Arabisch »Weizenähre«. Sunbula hat sich dem Fair Trade verpflichtet und arbeitet mit 18 Gruppen, die wunderschöne traditionelle Stickereien, Teppiche, Taschen, Olivenseife, Olivenöl, Körbe u. v. m. produzieren. Die Arbeiten und Produkte kommen von Palästinenserinnen im Gazastreifen, Westjordanland und in Israel, die vom Verkauf profitieren.
www.sunbula.org
Sunbula verkauft in Jerusalem:
– House of Palestinian Crafts, 7 Nablus Rd. (gegenüber vom Mt. Scopus Hotel) • Tel. 02/6 72 17 07 • Mo–Sa 10–18 Uhr ▶ Klappe hinten, nördl. e 1
– Craft Shop at St. Andrews Guesthouse, 1 David Remez St. • Tel. 02/6 71 46 05 • So 10–14 Uhr und nach Vereinbarung ▶ Klappe hinten, e 4

AKTIVITÄTEN

Bell Ofri Farm 🍴 ▶ S. 149, F 1
Bei Tami und Babi Kabalo kann man biblisches Essen selber machen. Trauben zerstampfen, Oliven pressen, Kräuterbrot backen, Ziegenkäse herstellen. Außerdem »sammelt« das quirlige Ehepaar Tiere, die sonst niemand will. Unter anderem ein Lamm, das von einem Lkw fiel. Tami kocht auch noch hervorragend im eigenen Restaurant. Und: Die beiden produzieren 5000 Flaschen Wein pro Jahr in ihrer Ein Nashut Winery und lagern sie in einem syrischen Bunker. Die gesamte Farm besteht aus Recycle-Material. Golan, Kibbuz Kidmat Zvi • Tel. 05/28 80 50 26 • www.bellofri.co.il • Biblical Food-Touren 40 NIS, Tour mit Weinverköstigung 25 NIS, Anmeldung erforderlich • Restaurant Fr/Sa ganztägig geöffnet • €€€

Einkaufen Für Israelis wird Shopping ganz großgeschrieben. Entsprechend riesig ist das Angebot an Boutiquen, Einkaufszentren und Ladenmeilen. Ein Highlight ist auch der Basar in der Jerusalemer Altstadt.

◄ Der Mahane Yehuda Markt in Jerusalem (► S. 89) ist der größte und lebhafteste Markt in Israel.

Souvenirjäger werden in Israel auf alle Fälle fündig, ebenso die Anhänger edler Kunst und schöner Steine. Die Galerien von Tel Aviv, Jerusalem, Safed oder dem Künstlerdorf Ein Hod locken mit Malereien und Skulpturen hochkarätiger Künstler. Das Land verfügt auch über ein Heer von kreativen Designern, die von Modeschmuck bis hin zu teuren Diamantencolliers wirklich originelle Stücke entwerfen. Jaffas Altstadt ist eine gute Adresse für Schmuck. Nette Läden mit bunten Ohrringen oder Ringen findet man u. a. auch in Jerusalems Emek Refaim Street oder rund um die Ben Yehuda Street in Tel Aviv. Dort sind auch Geschäfte mit schöner Judaika.

Pfiffige Modemacher säumen ebenfalls die Einkaufsstraßen mit Kreationen vom Flatterhemdchen bis zur Abendrobe. Hier lohnt sich Ausschau halten! Die großen Marken wiederum (Castro zum Beispiel) ähneln denen in Europa.

Verführung im Basar

Der verwinkelte, riesige Basar in der Jerusalemer Altstadt hat bisher noch jeden schwach werden lassen – irgendetwas kauft man dort immer. Ledertaschen, Sandalen, bunte Tücher, Gewürze, Hebron-Glas und Keramik – es gibt viel Kitsch, aber auch viel Schönes. Allerdings sollte man im arabischen Teil unbedingt handeln (bei 40 % des Preises anfangen, 50–60 % bezahlen), dabei Geduld haben und freundlich bleiben. Größter Beliebtheit erfreuen sich natürlich auch die Kosmetikprodukte vom Toten Meer. Es gibt gleich mehrere Marken und Läden überall im Land. Ein Hinweis: Wer Badesalz und Schlamm kauft, wird höchstwahrscheinlich bei der Ausreise am Flughafen bei der Sicherheitsüberprüfung aufgehalten – das Gepäck wird geöffnet. Ansonsten gehören Weine (gut, aber teuer) und Olivenöl zu den begehrten Souvenirs.

Läden sind in der Regel von 10–19 Uhr geöffnet, Einkaufszentren von 9–22 Uhr. Viele bleiben ab Freitagnachmittag bis Sonntagfrüh wegen des Schabbats geschlossen. Eine Ausnahme ist der alte Hafen in Tel Aviv mit Boutiquen und zahlreichen 24-Stunden-Supermärkten.

MERIAN-Tipp

ARMENIAN POTTERY
► Klappe hinten, e 1

Wenn es so etwas wie einen Keramik- oder Fliesenhimmel gibt, dann hat man ihn in der Armenian Pottery in Ost-Jerusalem gefunden. Seit 1922 entwirft, verziert und brennt die Familie Balian wunderschöne Fliesen und Geschirr. Die bunten Blumenmuster oder religiösen Motive sind weltbekannt durch Export und Ausstellungen. Ob Küchenfliesen, Farbkleckse fürs Schwimmbad oder Abwechslung im Badezimmer – das Sortiment ist riesig.
Jerusalem, 14 Nablus St. • Tel. 02/6 28 28 26 • www.armenian ceramics.com • Mo–Sa 9–16 Uhr

---

Empfehlenswerte Geschäfte und Märkte finden Sie bei den Orten im Kapitel ► Unterwegs in Israel.

Feste und Events
Irgendwo wird immer gefeiert, Israel ist das Land der Festivals. Außerdem erleben Urlauber die Feiertage mehrerer Religionen: zum Beispiel das fröhliche Purim-Fest oder das Ende des Ramadan.

◀ Das Jerusalem Light Festival (▶ S. 26) zieht alljährlich Hunderttausende begeisterte Besucher an.

ISLAMISCHE FEIERTAGE

Diese Feste richten sich nach dem Mondkalender, ohne eingefügte Schaltjahre wie beim jüdischen Kalender. Die Feste »wandern« also durch das Jahr des gregorianischen Kalenders.

Der Fastenmonat **Ramadan** zum Beispiel beginnt jedes Jahr elf Tage früher, da der Mondkalender nur 354 Tage hat. 2012 ist der erste Tag des Ramadan der 21. Juli. Während des Ramadan sind muslimische Restaurants tagsüber geschlossen.

Ramadan endet mit **Eid al Fitr**, dem mehrtägigen Fest des Fastenbrechens. Das öffentliche Leben ruht in dieser Zeit. Ebenso während Eid al Adha, dem Opferfest und höchsten islamischen Fest, das gut zwei Monate später stattfindet und fünf Tage dauert. **Eid el Adha** erinnert an die Bereitschaft Abrahams, seinen Sohn zu opfern.

Muslimische Geschäfte bleiben freitags geschlossen.

JÜDISCHE FEIERTAGE

Diese Feste richten sich nach dem Lunisolarkalender, der dem Lauf des Mondes und der Sonne folgt. Basierend auf dem gregorianischen Kalender haben die Feiertage deshalb jedes Jahr ein anderes Datum. Innerhalb von 19 Jahren gibt es sieben Schaltmonate, damit die sehr an die Jahreszeit gebundenen Feiertage nicht zu sehr »verrutschen«. Laut jüdischem Kalender fand die biblische Schöpfung der Welt 3761 v. Chr. statt. 2012 beginnt demnach also das jüdische Jahr 5772.

Schabbat

Freitag nach Sonnenuntergang beginnt das Wochenende. Viele Läden, Restaurants und Museen sind am Samstag geschlossen, öffentliche Busse fahren nicht. Die Minibusse bleiben jedoch im Einsatz.

FEBRUAR/MÄRZ
Purim

Schon Wochen vor Purim beginnt der Verkauf von Kostümen für das ausgelassenste der jüdischen Feste. Es erinnert an die Rettung der jüdischen Minderheit im persischen Reich – oft mit wummernden Techno-Partys und vor allem mit viel Alkohol.

MÄRZ/APRIL
Pessach

Beim Auszug aus Ägypten musste alles so schnell gehen, dass noch nicht einmal das Brot im Ofen aufgegangen war. Deshalb wird während des siebentägigen Pessach nichts Gesäuertes gegessen, sondern Mazze serviert. In den Supermärkten werden kein Bier und kein Brot verkauft. Höhepunkt für Familien ist der Seder-Abend.

APRIL/MAI
Jom HaShoah

Wenn am Holocaust-Gedenktag die Sirenen heulen, kommt das öffentliche Leben schlagartig zum Erliegen. Autos halten mitten auf der Straße an, die Fahrer steigen aus und senken die Köpfe.

Jom HaSikaron

Der Gedenktag für die Gefallenen findet einen Tag vor dem Unabhängigkeitstag statt. Es ertönen ebenfalls landesweit Sirenen.

Jom HaAtzmaut

Am 14. Mai 1948 erklärte David Ben-Gurion die Gründung des Staates Israels. Heute steht der Unabhängigkeitstag für Grillfeste und Ausflüge.

MAI/JUNI
Shavuot

Sieben Wochen nach Pessach wird mit dem jüdischen Pfingsten an den Tag erinnert, an dem Moses auf dem Berg Sinai von Gott die Thora bekam. Gläubige studieren die ganze Nacht über die Thora. Es gibt milchige Speisen, vor allem Käsekuchen.

Masada Opera Festival

Spektakuläre Kulisse: Vor dem angestrahlten Berg der Festung Massada sind die Opernabende in der Wüstenregion am Toten Meer ein ganz besonderes Gänsehauterlebnis.
www.opera-masada.com

Docaviv, Tel Aviv

In Tel Aviv werden zehn Tage lang israelische und internationale Dokumentarfilme gezeigt.
www.docaviv.co.il

Jacob's Ladder Festival

Ein dreitägiges Blues- und Country-Erlebnis im Mai und Dezember am See Genezareth.
Nof Ginosar • www.jlfestival.com

Israel Festival, Jerusalem

Vier Wochen lang bietet Jerusalem Konzerte, Tanz- und Theaterabende auf Dutzenden Bühnen in der Stadt.
www.israel-festival.org.il

Jerusalem Light Festival

Lichtskulpturen und Installationen in Teilen der Altstadt.
http://lightinjerusalem.org.il

JULI
Jerusalem Film Festival

Ein zehntägiges Highlight für Kinofans mit hochkarätigen internationalen und israelischen Produktionen.
www.jff.org.il

AUGUST
Safed Klezmer Festival

Tag und Nacht und in der ganzen Stadt: Das Klezmer Festival lockt Musiker und Touristen aus der ganzen Welt an.
www.safed.co.il

Red Sea Jazzfestival, Eilat

Vier Abende lang feiert Eilat in der heißesten Jahreszeit das heißeste Musikfestival.
www.redseajazzeilat.com

Jerusalem-Wein-Festival

Mehrere Dutzend Weinkellereien laden an drei Abenden im Israel Museum zum Probieren ein.
www.imj.org.il

SEPTEMBER/OKTOBER
Rosh HaShana

Das jüdische Neujahr ist ein religiöses Fest und wird deshalb ohne Feuerwerk begangen. Übersetzt »Kopf des Jahres«, erinnert dieser Feiertag an den Tag der Weltschöpfung. Es werden viele Süßigkeiten gereicht – für ein süßes neues Jahr.

Jom Kippur

Am höchsten jüdischen Feiertag, dem Tag der Versöhnung, beten die Menschen für die Vergebung ihrer Sünden. Zusammen mit Rosh HaShana bildet er den Höhepunkt und Abschluss der Periode der Reue und Buße. Autos, Busse und Züge fahren nicht, man spricht auch vom »Tag des Fahrrads«. Der internationale Flughafen bleibt geschlossen.

Sukkot
Das Laubhütten- und Erntedankfest erinnert an den Auszug aus Ägypten. Viele Israelis stellen sich kleine Hütten auf den Balkon, sie essen und schlafen darin.

Abu Gosh Vocalmusic Festival
In zwei Kirchen in und um diesen arabischen Ort bei Jerusalem findet zwei Mal im Jahr, zu Sukkot und Shavuot (Mai/Juni), Israels größtes Vokalmusik-Festival statt. Es dauert jeweils drei bis fünf Tage.
www.agfestival.co.il

Akko Festival
Die Altstadt von Akko verwandelt sich in eine Bühne mit Open-Air-Theaterstücken und -Konzerten.
www.accofestival.co.il

Simchat Tora
Zum Abschluss des Laubhüttenfests wird das Thorafreudenfest gefeiert. Gläubige tanzen mit Thorarollen in den Straßen.

NOVEMBER/DEZEMBER
Chanukkah
Mit dem achttägigen Lichterfest wird der Wiedereinweihung des zweiten Tempels 164 v. Chr. nach dem Aufstand der Makkabäer gedacht. Jeden Abend wird eine Kerze angezündet. Die Köstlichkeiten zum Fest heißen »Sufganiot«, das sind gefüllte Krapfen (ähnlich wie Berliner).

Holiday of Holidays Festival, Haifa
Im arabisch-jüdischen Viertel Wadi Nisnas werden an drei Dezemberwochenenden Weihnachten, Chanukkah und Eid-al-Adha gefeiert.
www.tour-haifa.co.il

Purim (▶ S. 25) ist ein fröhliches Fest und wird ausgelassen gefeiert. 50 000 verkleidete Menschen nahmen an der letzten Purim-Straßenparty in Tel Aviv teil.

Im Fokus

Ruhetag Schabbat
Der Kaffee kommt aus der Thermoskanne, Cappuccino mit geschäumter Milch bleibt ein frommer Wunsch, frisches Rührei gibt es nicht.

Da standen sie nun an einem Samstagvormittag und wollten mit dem Bus nach Jerusalem fahren. Ein deutsches Urlauberpärchen, gerade erst in Israel angekommen. Da standen sie und standen, und schließlich gaben sie auf. Von der Central Busstation in Tel Aviv fuhr keiner der großen Busse los. Und mit den kleinen Shuttlebussen kannten sie sich nicht aus. Willkommen zum Schabbat!

Dieser Tag ist nicht irgendein freier Tag, sondern tatsächlich der heiligste im Judentum! Als einziger Festtag wird er in den Zehn Geboten erwähnt: »Gedenke des Schabbat-Tages, ihn zu heiligen! Sechs Tage sollst du arbeiten und all dein Werk verrichten; aber der siebente Tag ist ein Schabbat, dem Ewigen, deinem Gott. Da sollst du keinerlei Werk verrichten (...).«

Die Erfindung des Ruhetags sei also eine rein jüdische Sache und vor 4000 Jahren eine Revolution gewesen, stellte der verstorbene Präsident des Zentralrates der Juden in Deutschland, Paul Spiegel, in seinem Buch »Was ist koscher?« fest. Und: Der Jom Kippur erhalte seine bedeutende Rolle nur, weil er auch als »Schabbat aller Schabbate« bezeichnet werde.

Die Zeitungen in Israel drucken jeden Freitag die Schabbat-Zeiten. Jerusalem, Tel Aviv, Haifa und Be'er Sheva werden genannt. In Jerusalem, wo auch eine digitale Schabbat-Uhr am

◀ Schabbat wird mit einem vorgekochten Essen im Familienkreis begangen.

Ortseingang rot blinkt, fängt der siebte Tag immerhin 16 Minuten früher an als in der Wüstenstadt.

Entschleunigtes Leben

Freitagnachmittag wird das Leben schon langsamer: Die meisten Busse stellen den Betrieb am Nachmittag ein, viele Läden schließen auch schon vor den offiziellen (Frei)zeiten. Und in den Nationalparks machen sich die Ranger ein Stündchen früher als sonst auf den Heimweg.

In religiösen Haushalten haben die Frauen für den Freitagabend vorgekocht. Auf dem Tisch liegt ein weißes Tischtuch, die Familienmitglieder sind festlich gekleidet. 18 Minuten vor Sonnenuntergang zündet die Frau des Hauses zwei Kerzen an und spricht einen Segen. Die Männer gehen anschließend in die Synagoge, dann folgt das Abendessen mit dem »Kiddusch« zum Auftakt: Der Hausherr spricht ein Gebet über Wein und Brot, er segnet seine Familie. Dieses besondere Schabbat-Brot heißt übrigens »Challa«, ein geflochtenes Weißbrot. Freitagmorgen sind die Supermärkte und Bäckereien voll damit, es duftet betörend. Traditionelle jüdische Frauen ziehen es vor, ihre eigene Challa für Schabbat selbst zu backen, statt sie beim Bäcker zu kaufen. Der Samstag wird dann der Familie gewidmet, dem Gebet, man geht in die Synagoge.

Die Regeln für den Schabbat klingen für Nicht-Juden erst einmal sonderbar. Fromme Juden dagegen kämen gar nicht auf die Idee, irgendetwas merkwürdig daran zu finden, dass sie zum Beispiel keine Knöpfe drücken dürfen. Arbeit ist untersagt am Schabbat, früher gehörte zur Arbeit das Feuermachen. Und weil Knöpfedrücken oder Autosanlassen Funken auslösen, lässt man das sein.

Schabbat-Brot und -Öfen

Deshalb fahren keine öffentlichen Busse und deshalb haben viele Hotels sogenannte Schabbat-Fahrstühle, die in jedem Stockwerk von alleine halten. Und deshalb gibt es Zeitschalter für Licht und spezielle Schabbat-Öfen, die das Essen warm halten.

Dem Erfindungsreichtum sind rund um das Thema Schabbat keine Grenzen gesetzt. Das Institut für Wissenschaft und Religionsgesetz (Halacha) überprüft genau, welche technischen Errungenschaften mit den alten Vorschriften vereinbar sind. Inzwischen wurde sogar ein spezieller Stromschalter erfunden, der das Problem mit den ausgelösten Funken regelt.

Und weil während des Schabbats nichts Bleibendes notiert werden darf, entwickelte das Institut in Jerusalem eine besondere Tinte, die nach 72 Stunden wieder unsichtbar wird.

Irgendwie wird jeder Tourist mit dem Schabbat in Berührung kommen, aber besser nicht in den ultraorthodoxen Gegenden in Jerusalem. Dort reagieren die Menschen auf Autofahrer ausgesprochen unfreundlich.

Gleichzeitig findet man zum Beispiel in Tel Aviv genügend Restaurants, in denen fröhlich sämtliche Knöpfe gedrückt werden. Und es gibt offene Läden für den Einkaufsbummel. Doch auch wenn sich die säkulare Bevölkerung nicht um die strengen Regeln kümmert, wird man feststellen: Am Schabbat geht es in diesem sonst so hektischen Land ruhiger zu, gedämpfter. Es ist ein schöner Tag.

Sport und Strände Wandern, klettern,
Rad fahren, tauchen, schnorcheln – oder einfach nur an den Stränden liegen und mit Blick aufs Wasser träumen. Aktiv-Urlauber und Sonnenanbeter finden hier Erfüllung.

◄ Kite-Surfer am Strand von Tel Aviv (▶ S. 33). Die Mittelmeerküste eignet sich gut für diese Sportart.

Ohne Sport und Aktivitäten geht es nicht, ohne Strände schon gar nicht: Sobald die Israelis Zeit haben, geht es ans Wasser, an die Fitnessgeräte, auf die Räder, in die Nationalparks. Sicher, ein guter Grilltag im Park ist für viele auch schon sportlich, aber die Zahl derer, die sich wirklich bewegen wollen, überwiegt.

GOLF

Es gibt nur zwei Plätze im Land.

Caesarea Golf Club ▶ S. 148, C 3
Caesarea • Tel. 04/6 10 96 00 • www.caesareagolf.com • ab 460 NIS

Gaash Golf Club ▶ S. 148, C 4
Kibbuz Gaash bei Tel Aviv • Tel. 09/9 51 51 11 • www.golfgaash.co.il • ab 200 NIS

JOGGEN UND MARATHON

An den Strandpromenaden können sich Jogger endlos austoben. Marathonläufe werden inzwischen ganz großgeschrieben im Land. In Tiberias (Januar), Tel Aviv (März) und am tiefsten Punkt der Erde, am Toten Meer (Februar), gehen die Läufer schon seit vielen Jahren an den Start.
Seit 2011 ist auch Jerusalem dabei (März), hier gab es allerdings Streit wegen des Streckenverlaufs durch das besetzte Ost-Jerusalem.

KAJAK UND WILDWASSER

Nördlich des Sees Genezareth ist auf dem Jordan Kajakfahren und Rafting angesagt. Sehr freundlich ist man bei Abu Kayak (Tel. 04/6 92 10 78; www.abukayak.co.il, März–Nov. tgl. 9–17 Uhr, 78 NIS, Kinder ab 4 Jahren frei), wo es Kajaks, Schlauchboote und Gummireifen gibt. Weiter nördlich sind die eher gehetzten Betreiber von Jordan River Rafting (Tel. 04/6 93 46 22).

RADFAHREN

Wie Wandern ist Radfahren durch Israel inzwischen ein wichtiger Tourismusbereich.
Wer das eigene Rad mitbringen will, sollte sich vorher bei der Fluggesellschaft nach den Kosten erkundigen. Tourenvorschläge gibt es u. a. bei www.goisrael.de.

REITEN

Überall im Land gibt es Unterkünfte für Reiter sowie Gestüte, die Ausritte anbieten. Eineinhalb Stunden kosten etwa 150 NIS. Auch mehrtägige Touren sind möglich. Für romantische Reitausflüge am Strand empfiehlt sich die Cactus-Ranch bei Michmoret (www.cactus4u.biz), für längere Touren die Ramot Ranch bei Moshav Ramot (▶ S. 87), sowie die Vered Hagalil Guest Farm (▶ S. 77) zwischen Tiberias und Rosh Pina für einen Urlaub mit Wellness.

SEGELN

Yam Sailing School ▶ S. 148, C 4
So viel Meer vor dem Strand – das muss man doch ausnutzen. Eine Jacht mit Skipper zu chartern (bis elf Personen) kostet bei Yam Sailing 850 NIS (2 Std.), jede weitere Stunde 400 NIS. Bei einem Segelkurs kann man für 250 NIS reinschnuppern. Die Segelschule liegt unweit des Zentrums beim Hilton.
Tel Aviv, Marina • Tel. 03/5 23 00 76 • www.yam-sailing.co.il

SKIFAHREN

Mount Hermon Ski and Snowboard Resort ▶ S. 149, F 1

Das einzige Skigebiet auf dem Mount Hermon im Norden ist auch für gute Skifahrer ein schöner Tagesausflug. Tel. 04/6 98 13 33 • www.skihermon.co.il • Tagesskipass rund 245 NIS

SURFEN

Ob Windsurfen, Wellenreiten oder Kite-Surfen – entlang der Mittelmeerküste gibt es dafür viele Hotspots. In Haifa werden am Bat Galim Beach die Wellen geritten, am Galshanim sind die Wind- und Kite-Surfer.

Topsea ▶ S. 148, B 4

In Tel Aviv sind die Kite-Surfer vor allem am Yerushalaim Beach unterwegs, Surfer am Hilton-Beach.
165 Hayarkon St., Tel Aviv (gegenüber der Marina) • Tel. 05/04 32 90 01 • Boards ab 50 NIS/Std., Privatstunde ab 150 NIS

TAUCHEN UND SCHNORCHELN

Taucher und Schnorchler sind in erster Linie in Eilat anzutreffen. Am Coral Beach verläuft parallel zum Strand das Riff mit der bunten Fischwelt. Ein fünftägiger Tauchkurs (PADI-Zertifikat) kostet ab 1250 NIS.

Old Caesarea Diving Center
▶ S. 148, C 3

Außergewöhnliches Taucherlebnis: In Caesarea taucht man durch den versunkenen Hafen des Herodes.
Caesarea National Park • www.caesarea-diving.com

WANDERN

Mit gut 10 000 km markierten Wegen und mehr und mehr Karten auf Englisch ist Israel inzwischen ein begehrtes Ziel für Wanderer. Vom kleinen Rundweg durch die Wüste über mehrtägige Touren in Galiläa bis hin zum 950 km langen **Israel-Trail** (www.israelnationaltrail.com), der vom Golan bis nach Eilat führt, hat das kleine Land alles an Natur und Wegen zu bieten. Seit 2009 lockt der 65 km lange **Jesus-Trail** (www.jesustrail.com) mit dem Motto »Jesus nahm nicht den Bus – warum solltest Du es tun?« auf die Strecke von Nazareth nach Kapernaum (vier Tage). Das Tourismusministerium will seit 2011 an der Strecke mitverdienen und bewirbt den teilweise fast gleich verlaufenden **Gospel-Trail** (60 km). Herausfordernd, aber schön sind die Wanderungen im **Ein Gedi National Park** am Toten Meer. Wer die Wüste liebt, ist mit Trips durch den **Ramon Krater** gut beraten. In Israel gibt es 250 Naturreservate und 76 Nationalparks (www.parks.org.il), Wanderkarten erhält man jeweils am Eingang. Für Touristen wurde die »Green Card« erfunden: Sechs Parks in 14 Tagen für 105 NIS (Tel. 02/5 00 62 61). Touren organisiert u. a. die Gesellschaft für Naturschutz in Israel SPNI (www.aspni.org). Wer auf dem **Golan** wandert, sollte sich unbedingt wegen der Minengefahr Karten besorgen und nie die Wege/Pfade verlassen!

STRÄNDE AM MITTELMEER

Zu einem Israel-Besuch gehören ganz sicher auch Badetage an den zahlreichen Stränden. Die Saison beginnt offiziell im Mai, wenn die Bademeister in ihren Häuschen Stellung beziehen und mitunter plötzlich losbrüllen, weil jemand einer Strömung zu nahe gekommen ist.

In der Negev-Wüste (▶ S. 107) liegt der Wadi Pharan, wo gut ausgerüstete und hitzeunempfindliche Wanderer am besten in der Gruppe vielfältige Touren gehen können.

Unbedingt die Flaggen beachten! Schwarz: »Schwimmen verboten«, Rot: »Schwimmen gefährlich«, Weiß: »Schwimmen sicher«.

Akhziv Beach National Park
▶ S. 149, D 1

Ein Strand mit natürlichen Lagunen. 5 km nördlich von Nahariya • tgl. 8–17, im Juli/August bis 19 Uhr • Eintritt 33 NIS

Haifa
▶ S. 148, C 2

Besonders beliebt sind der Hof HaCarmel Beach auf der Westseite sowie südlich der Zamir- und Dado-Strand. Die Tourismusbehörde warnt vor abgelegenen Parkplätzen.

Herzliya
▶ S. 148, B 4

Nördlich der Stadt liegt der eher einsame Sidna Ali Beach (bei der Apollonia-Ausgrabungsstätte), steinig, aber romantisch.

Netanya
▶ S. 148, C 4

Zu dem Badeort gehören mit die schönsten Stränden Israels. Entlang der Steilküste wird es Richtung Norden etwas ruhiger.

Nitzanim Beach
▶ S. 150, B 5

Eine gute halbe Stunde südlich von Tel Aviv befindet sich dieser herrlich weitläufige Strand mit Dünen.

Tel Aviv
▶ S. 148, B 4

Die Strände sind in der Nebensaison sehr zu empfehlen, sie sind sauber, das Wasser ist klar. Im Juli/August dagegen sieht man vor lauter Leuten den Sand nicht mehr, das Wasser ist oft schmutzig. Das Nationalspiel Matkot (Strand-Ping-Pong) wird hemmungslos gespielt. Der Hilton Beach gilt als der inoffizielle Schwulenstrand, der Strand weiter nördlich hinter Mauern ist den orthodoxen Juden vorbehalten.

Familientipps
Israel ist ein sehr familienfreundliches Land. Kinder sind jederzeit willkommen. Für sie gibt es viele Attraktionen, vor allem die Tierwelt lädt zu einem Besuch ein. Delfine und Kamele zum Beispiel.

◂ Im Nazareth Village (▸ S. 35), der Rekonstruktion eines historischen Dorfes, wird Geschichte greifbar.

Biblischer Zoo ▸ S. 151, D 5
Eine der beliebtesten Familienattraktionen im Land: 170 Tierarten leben hier in dieser weitläufigen Anlage, die meisten davon finden in der Bibel Erwähnung. Leoparden zum Beispiel, Affen und Nilpferde. In dem Besucherzentrum Arche Noah befinden sich die Cafeteria und Ausstellungen, eine Mini-Eisenbahn fährt durchs Gelände (So–Fr).
Jerusalem • Tel. 02/6 75 01 11 • www.jerusalemzoo.org.il • So–Do 9–19, Fr, 9–16.30, Sa 10–18 Uhr • Eintritt 47 NIS, Kinder 37 NIS

Gan Garoo Park ▸ S. 149, E 3
Neben dem Nationalpark und Wassererlebnis Gan HaShlosha bei Bet She'an ist ein kleines Stückchen Australien entstanden: Hier leben Dutzende Kängurus, Kakadus und Koalas. Kinder sind verrückt nach den niedlichen »Skippys«, die man füttern kann.
Bet She'an • Tel. 04/6 48 80 60 • So–Do 9–15, Sa 9–17 Uhr, Juli/Aug. 9–20 Uhr • Eintritt 40 NIS

Kamelreiten ▸ S. 150, C 8
Tierisch geht es auch auf der Negev Camel Ranch zu: Hier stehen die edlen »Wüstenschiffe« zu Ausritten bereit. Eine kurze Kamel-Führung durchs Gelände kostet gerade mal 20/15 NIS, eine Stunde entlang der antiken Gewürzstraße durch eine traumhafte Landschaft 65/55 NIS.
Negev Camel Ranch Str. 25 • Tel. 08/6 55 28 29 • www.cameland.co.il 7 km östl. von Dimona, Abzweig Richtung Mamshit

Luna Gal Wasserpark ▸ S. 149, E 2
Ein Badespaß am See Genezareth mit riesigen Wasserrutschen und Tubes, Becken für die Minis und einem Olympia-Pool für die Eltern. Der Park gehört zu den älteren im Land und wirkt vor allem beim Massenansturm an den Wochenenden nicht so einladend. Aber das vergisst man auf den Rutschen.
Golan Beach • Tel. 04/6 67 80 00 • Sa–Do 9.30–24, Fr 9.30–17 Uhr • Eintritt 100 NIS, Kinder 80 NIS

Mini Israel ▸ S. 150, C 5
Kleiner Tourist ganz groß: In dem Park in Latrun zwischen Jerusalem und Tel Aviv stehen mehr als 300 Modelle der wichtigsten Attraktionen im Maßstab 1:25. Da kann man auf die Klagemauer schauen oder die Grabeskirche betrachten.
Latrun • Tel. 17 00/05 55 95 59 • www.minisrael.co.il • Jan.–März Sa–Do 10–18, Fr bis 14 Uhr, April–Juni, Sept.–Dez. Sa–Do 10–19, Fr bis 14 Uhr, Juli/Aug. So–Do 10–22, Fr bis 14, Sa bis 19 Uhr • Eintritt 79 NIS, Kinder 59 NIS

Nazareth Village ▸ S. 149, D 2
Wie haben Jesus und die Menschen seiner Zeit gelebt? Diese Frage soll ein Besuch in dem liebevoll angelegten Open-Air-Museum beantworten. Man trifft Dorfbewohner in traditioneller Kleidung, es gibt eine Öl- und Weinpresse, außerdem eine Tischlerei und Weberei.
Nazareth • Tel. 04/6 45 60 42 • www.nazarethvillage.com • Mo–Sa 9–17 Uhr, letzte Tour 15 Uhr • Eintritt 50 NIS, Kinder 22 NIS

👫 Weitere Familientipps sind durch dieses Symbol gekennzeichnet.

Am Damaskustor (▶ S. 90) in Jerusalems Altstadt kann man auf einen Weg auf der Mauer gelangen. Es ist das größte der acht Altstadttore.

Unterwegs **in Israel**

Vom Gebirge in die Wüste und ans Meer – das kleine Israel lockt mit seiner vielfältigen Landschaft, aber auch mit den Heiligtümern dreier Weltreligionen. Ein Naturparadies mit archäologischen Sensationen.

Tel Aviv und die Küste

Die weiße Stadt am Mittelmeer ist zugleich Partymetropole und wirtschaftliches Zentrum des Landes. Entlang der Küste folgt man den Spuren der Eroberer und findet herrliche Strände.

◂ Schick: Das Golda-Center in Tel Aviv ist Heim für die Israel-Oper, Tanzensembles, Theater und Konzerte.

Tel Aviv-Jaffa ▸ S. 148, B 4

400 000 Einwohner
Stadtplan ▸ S. 41

Der »Frühlingshügel«, wie Tel Aviv übersetzt heißt, lässt an grüne Landschaften und satte, bunte Vegetation denken. Doch keine Spur davon: Ein riesiges grau-weißes Häusermeer mit vielen Wolkenkratzern erstreckt sich 14 km an der Küste entlang und ins Landesinnere. Und auch nach dem 11. April 1909, als 60 Familien per Los über Landzuteilung für die erste jüdische Stadt entschieden, mussten keine Bäume gefällt, sondern Sümpfe entwässert und Sanddünen bezwungen werden. »Frühlingshügel« erinnert an einen Ort im babylonischen Exil und ist die hebräische Übersetzung für Theodor Herzls bekannten Roman »Altneuland«.

Die frühen Planungen von großzügig angelegten Wohnquartieren mit Boulevards und viel Grün konnten wegen der Einwanderungswellen nicht immer eingehalten werden. Es musste schnell und viel gebaut werden. Mitte der 30er-Jahre lebten bereits 75 000 Menschen hier.

Aus Deutschland geflohene Juden brachten die **Bauhaus-Architektur** ✡ und damit neuen, bezahlbaren Wohnraum mit.

Als zweitgrößte Stadt des Landes, in deren Großraum inzwischen mehr als drei Millionen Menschen angesiedelt sind, brüstet sich die Stadtverwaltung, das »pulsierende Herz Israels, der Motor des Landes« zu sein. Und richtig, hier ist Hightech, hier ist Finanz, hier ist die größte Diamantenbörse der Welt. Und hierher kommen jeden Tag eine Million Menschen zum Arbeiten und Studieren, die Einfallstraßen sind stundenlang verstopft.

Aber auch noch nachts und früh morgens sind auf den Straßen in den Ausgehvierteln massenhaft Autos und Menschen unterwegs. 24/7 – 24 Stunden, 7 Tage, ein weiterer gern zitierter Slogan.

Tel Aviv ist auch das Zentrum des säkularen Lebens mit einer endlosen Club- und Barszene, unkonventioneller Kleiderordnung (nämlich keiner) und einem fantastischen Angebot an Restaurants und Köstlichkeiten, die alles andere als koscher sind. Die Strände sind voller männlicher und weiblicher Schönheiten, die sich in den Fitnessstudios für ihre Auftritte im Sand stählen. Tel Aviv wirbt außerdem für sich als Schwulenhauptstadt. Es gibt Straßen voller Galerien, wichtige Museen, Theater, die israelische Oper und Dutzende Kinos. Künstler und Jungdesigner toben sich ebenso wie Nachwuchsköche aus, die Stadt ist voller Energie. Das südlich von Tel Aviv gelegene, arabisch geprägte Jaffa mit seinen ca. 46 500 Einwohnern wurde 1948 von Israel erobert, viele Bewohner mussten fliehen. Seit 1950 ist Jaffa Teil von Tel Aviv. Die Stadt blickt auf eine 4000-jährige Geschichte mit vielen Herrschern zurück. Ägypter, Römer, Muslime, Kreuzfahrer, auch Napoleon ließen hier kämpfen. 1516 fiel Jaffa an das Osmanische Reich, 1917 vertrieben schließlich die Briten die Türken. Die jüdische Einwanderung seit dem 19. Jh. sorgte zunehmend für Konflikte mit der arabischen Bevölkerung. Auch deshalb wich man dorthin aus, wo heute Tel Aviv ist.

Die Altstadt Jaffas mit den verwinkelten Gässchen wurde inzwischen liebevoll restauriert und ist Heimat vieler Künstler. Spannungen mit der arabischen Bevölkerung bleiben bestehen. Unter anderem sorgen Luxussanierung und teure Neubauten dafür, dass Araber aus ihren angestammten Wohngegenden wegziehen müssen.

WUSSTEN SIE, DASS ...

... mithilfe von 60 weißen und 60 grauen Muscheln über die Verteilung der ersten Grundstücke entschieden wurde? Auf den weißen standen die Namen der Familien, auf den grauen die Grundstücksnummern. Dann wurden die Grundstücke verlost.

SEHENSWERTES

Alter Hafen (Namal) 👫
▶ S. 41, a/b 1

Ein riesiges Gelände am nördlichen Ende der Dizengoff Street mit vielen Restaurants und Läden am Wasser, schön zum Bummeln. Kinder können Roller und Fahrrad fahren. Hier sind auch die besten Nachtclubs.
Tel Aviv

Azrieli-Türme
▶ S. 41, c 2

Dreieckig, viereckig, rund – und nicht zu übersehen. In den unteren Geschossen befindet sich ein großes Einkaufszentrum, vom 49. Stock des runden Turms (mit 187 m der höchste) hat man einen tollen Blick.
Tel Aviv • 132 Menechem Begin Rd. • Tel. 03/6 08 11 79 • tgl. 9.30–17 Uhr • Eintritt 22 NIS

Bauhaus 1
▶ S. 41, b 2

Es ist nicht alles weiß in der »Weißen Stadt«. Luftverschmutzung und das feuchte Klima setzen vielen Gebäuden sehr zu. Dennoch bleibt das Open-Air-Museum mit 4000 Häusern im Bauhaus-Stil der 30er- und 40er-Jahre eine Sensation. Die Architekten aus Deutschland und Österreich passten Bauhaus den Klimabedingungen an: Die Fenster sind kleiner als im grauen Europa, die Balkone so gebaut, dass sie auch den Wohnungen im Stockwerk tiefer Schatten spenden. Durch die horizontalen Schlitze soll die Brise wehen. Es sind beeindruckende Zeugnisse, denen die UNESCO 2003 das Prädikat Weltkulturerbe verlieh. Ein Spaziergang durch die »Weiße Stadt« ist ein Tel-Aviv-Muss.

Kostenlose Touren organisiert die Touristeninformation immer samstags um 11 Uhr. Der Treffpunkt ist 46 Rothschild Blvd./Ecke Shadal St. (Tel. 03/5 16 61 88). Das **Bauhaus-Center** mit vielen Karten, Bildern und Souvenirs bietet Audioguides für eigene Ausflüge (50 NIS) sowie freitags um 10 Uhr geführte Touren (2 Std., 50 NIS, engl.) an.
– Bauhaus-Center: Tel Aviv • 90 Dizengoff St. • Tel. 03/5 22 02 49 • www.bauhaus-center.com • So–Do 10–19.30, Fr 10–14.30, Sa 12–19.30 Uhr

Tel Aviv-Jaffa 41

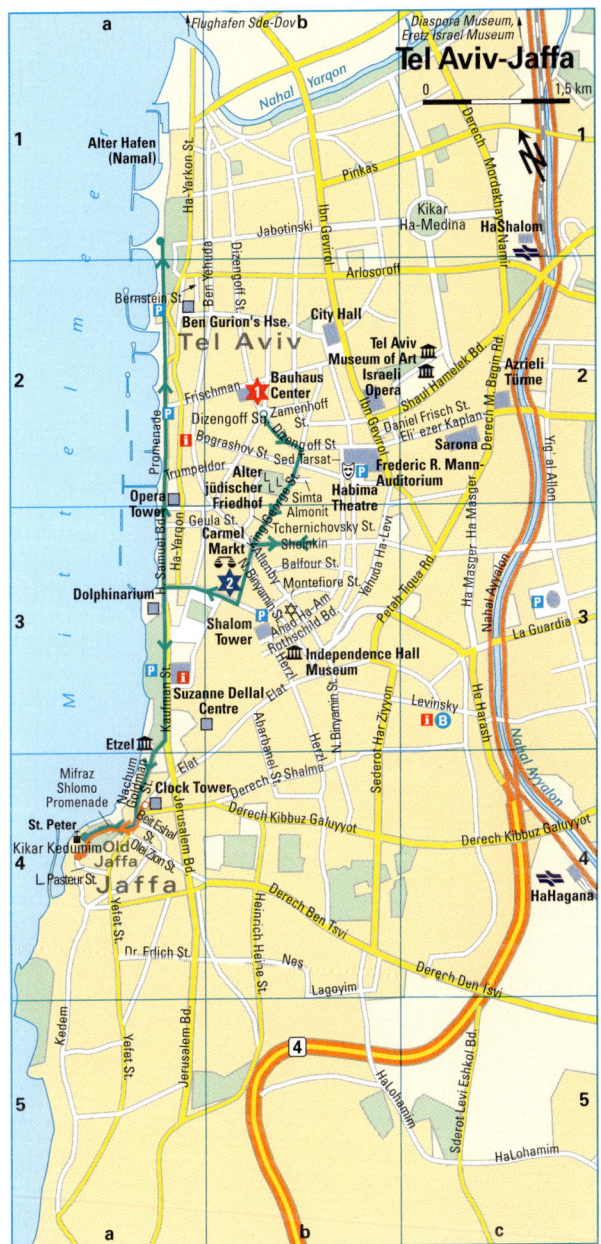

– Bauhaus Museum: Tel Aviv •
1 Bialik St. • Tel. 03/6 20 46 64 • Mi
11–17, Fr 10–14 Uhr • Eintritt frei

Carmel Markt ▸ S. 41, b 3

Ab der Allenby Street geht es vorbei an billigen Klamotten und Ramsch, bis man in die große bunte Obst- und Gemüsewelt eintauchen, Käse- und Fischstände bewundern und beste Falafel essen kann. Faire Preise.
Tel Aviv • Allenby St. • So–Do 8–18, Fr 8–14 Uhr

Deutsche Kolonie Sarona
▸ S. 41, c 2

37 Häuser der ersten schwäbischen Templerkolonie (1872) an der Kaplanstraße sind Teil eines gewaltigen Restaurierungsprojekts. Anfang 2012 sollen in den historisch sanierten Giebelhäusern Galerien, Cafés, Restaurants und andere Läden eröffnet werden.

Tel Aviv • Kaplan Road • www.sarona tlv.co.il

Dizengoff Street ▸ S. 41, b 2

Nach dem Dizengoff-Platz mit dem berühmten, aber mittlerweile in die Jahre gekommenen Feuer-und-Wasser-Brunnen reiht sich ein Café an die nächste Boutique. Eine Flaniermeile erster Güte, die nach Tel Avivs erstem Bürgermeister (Meir Dizengoff, 1861–1936) benannt wurde.
Tel Aviv

Neve Tzedek ▸ S. 41, a/b 2

Das älteste Viertel, 1886 als Vorort von Jaffa gegründet, war jahrelang heruntergekommen. Dann kamen die Renovierung, die Cafés, Boutiquen, Juweliere und die Restaurants. Heute hat Neve Tzedek mit den hübschen Häuschen die höchsten Immobilienpreise der Stadt.
Tel Aviv

Am Dizengoff Platz (▸ S. 44), einem der zentralen Plätze in Tel Aviv, steht seit 1986 der kinetische Feuer-und-Wasser-Brunnen von Yaacov Agam.

Tel Aviv-Jaffa

Photo House Pri-Or ▶ S. 41, b 3
Hunderttausende Negative hinterließ Fotograf Rudi Weissenstein, der wie niemand sonst die Geschichte des Landes dokumentierte. Weissenstein war der einzige Fotograf, der bei der Staatsgründung Israels Aufnahmen machen durfte. Sein Nachlass wird in dem kleinen Fotoladen Pri-Or von seiner Witwe Miriam und seinem Enkel Ben Peter verwaltet.
Tel Aviv • 5 Tchernichovsky St. • Tel. 03/5 17 79 16 • www.pri-or.com • So–Do 9–18, Fr 9–13 Uhr

Rothschild Boulevard ▶ S. 41, b 3
Hier sind viele Gebäude im Bauhaus-Stil und dazwischen Esstempel zu sehen, in der Mitte unter den schattigen Bäumen verläuft der Fahrrad- und Fußgängerweg.
Tel Aviv

Sheinkin Street ▶ S. 41, b 3
Das »Greenwich Village« am Mittelmeer mit den hippen Fashion-Läden und kleinen Cafés und Bars zieht vor allem die jungen Tel Avivis an.
Tel Aviv

MUSEEN

Bialik-Haus ▶ S. 41, a/b 3
Arabische und Jugendstil-Emente spiegeln sich in der renovierten Villa des Nationaldichters Chaim Nachman Bialik (1873–1934) wider. Ausgestellt sind viele seiner Werke, Korrespondenzen und Fotos.
Tel Aviv • 22 Bialik St. • Tel. 03/5 25 45 30 • Mo–Do 11–17, Fr/Sa 10–14 Uhr • Eintritt 20 NIS

Diaspora Museum
▶ S. 41, nördl. c 1
Die Geschichte jüdischen Lebens, Erbes und jüdischer Wurzeln in der Diaspora im Lauf der Jahrtausende. Es sind keine Originale zu sehen, stattdessen arbeitet das Museum mit interaktiven Multimedia-Präsentationen, Diashows und Dokumentationsfilmen.
Tel Aviv • Campus der Tel Aviv Universität • 2 Klausner St., Matatia Tor • Tel. 03/7 45 78 00 • www.bh.org.il • So–Di 10–16, Mi/Do 10–20, Fr 9–13 Uhr • Eintritt 40 NIS

Eretz Israel Museum
▶ S. 41, nördl. c 1
Die Ausstellungen zur Geschichte der Region zeigen u. a. in verschiedenen Pavillons Judaika, Münzen, Keramiken und Glasarbeiten.
Tel Aviv • 2 Haim Levanon St., Ramat Aviv • Tel. 03/6 41 52 44 • www.eretzmuseum.org.il • So–Mi 10–16, Do 10–20 Uhr, Fr/Sa 10–14 Uhr • Eintritt 42 NIS

Independence Hall ▶ S. 41, b 3
Im ehemaligen Haus des ersten Bürgermeisters Dizengoff verlas David Ben-Gurion am 14. Mai 1948 die Unabhängigkeitserklärung. Die Halle wurde genau so belassen, wie sie damals aussah.
Tel Aviv • 16 Rothschild Blvd. • Tel. 03/5 10 64 26 • So–Fr 9–14 Uhr • Eintritt 20 NIS

Tel Aviv Museum of Art
▶ S. 41, b 2
Eine spannende Ausstellung der Werke israelischer und internationaler Künstler. Vertreten sind unter anderem Monet, Picasso, Munch und Chagall. Jedes Jahr gibt es rund 20 Sonderausstellungen.
Tel Aviv • 27 Shaul Hamelech Blvd. • Tel. 03/6 07 70 20 • www.tamuseum.com • Mo, Mi, Sa 10–16, Di, Do 10–

20, Fr 10–14 Uhr • Eintritt 42 NIS • Karte gilt auch für den Helena Rubinstein Pavillon for Contemporary Art (wechselnde Ausstellungen)

SPAZIERGANG TEL AVIV

Stadtplan ▸ S. 41

Zu einem richtigen Tel-Aviv-Tag gehören **Bauhaus, Shoppen und Wasser**. Rund um den **Dizengoff Platz** finden Sie einige prächtige Exemplare des Bauhaus-Stils, u. a. das Hotel Cinema. Laufen Sie Richtung Süden und dann rechts in die King George Street. Hier kommt nun eine Ansammlung von Billigläden. Am Kikar Magen David sollten Sie nach links einen Abstecher in die **Sheinkin Street** machen, in den Boutiquen wühlen und beim Kaffeetrinken »Leute gucken«. Gehen Sie zurück, über die Allenby Straße auf den zunächst überdachten **Carmel Markt** und lassen Sie sich im Gewühl der Einkäufer treiben. Auf der anderen Seite des Marktes halten Sie sich rechts und gehen bis zum Meer. Nun bietet sich ein Strand- und Promenadenspaziergang bis zum Alten Hafen an oder nach Süden Richtung Jaffa. Ein Taxi bringt Sie für 25–30 NIS zurück ins Stadtzentrum.
Dauer: mindestens ein halber Tag

SPAZIERGANG JAFFA

Stadtplan ▸ S. 41

Bester Ausgangspunkt ist der weithin sichtbare **Glockenturm**. Sultan Abdul Hamid II. hatte den Turm 1906 aus Anlass seines 30-jährigen Thronjubiläums gestiftet. Nur wenige Meter entfernt ragt das Minarett der **Mahmudiye-Moschee** hervor. Für den Bau wurden auch Säulen aus Caesarea und Ashkelon benutzt, die jedoch falsch herum aufgestellt wurden – mit den Kapitellen nach unten. Laufen Sie die Beit Eshal Street entlang Richtung **Flohmarkt**, wo es alles gibt, was das Herz begehrt oder auch nicht: Ramsch, Klamotten, aber auch schöne Souvenirs. Über die Olel Zion Street geht es zurück Richtung Meer, dann links hoch die Mifraz Shlomo Street, durch die **gestuften Gärten** und über die **Wunschbrücke** mit den zwölf Sternzeichen in die Altstadt zum **Kedumim Platz**. Hier bietet sich ein Abstecher in die **Touristeninformation** an, die gleichzeitig ein Museum ist. Außerdem ist hier das **Franziskanerkloster St. Peter**, das an der Stelle eines Kreuzfahrerbaus errichtet wurde. Nach ein paar Schritten haben Sie einen fantastischen Blick aufs Wasser und auf den **Andromeda Felsen**. Laut griechischer Mythologie war Andromeda hier gefesselt, als sie von Perseus gerettet wurde. Weiter geht es zu einem Bummel in die Gässchen des **Künstlerviertels** mit vielen Galerien und Juwelieren.
Dauer: 5 Std.

ÜBERNACHTEN

Montefiore ▸ S. 41, b 3

Kunst am Bett • Edel eingerichtete Zimmer in einer renovierten Villa, die gleichzeitig Ausstellungsfläche für israelische Künstler sind.
Tel Aviv • 36 Montefiore St. • Tel. 03/5 64 61 00 • www.hotelmontefiore.co.il • 12 Zimmer • €€€

Hotel Cinema Esther ▸ S. 41, b 2

Zentrales Bauhaus-Juwel • Popcorn und alte Filme in der Lobby erinnern an die Vergangenheit des Hauses als Kino in den 1930er-Jahren. Die renovierte Bauhaus-Schönheit steht

Tel Aviv-Jaffa

1930 erbaut, ist das Hotel Cinema Esther (Architekt: Genia Averbuch) im Bauhaus-Stil heute ein schickes Hotel (▶ S. 44) mit 82 Zimmern und schöner Dachterrasse.

im Zentrum und bietet einen tollen Blick von der Dachterrasse.
Tel Aviv • 1 Zamenhoff St. • Tel. 03/5 42 55 55 • www.cinemahotel.com • 82 Zimmer • €€

The Savoy ▶ S. 41, a 3
Modernes Ambiente • Schwarzweißer Schick beim Strand. Auch gute Restaurants und der Markt sind schnell zu Fuß zu erreichen.
Tel Aviv • 5 Geula St. • Tel. 03/5 14 05 00 • www.hotelsavoy.co.il • 55 Zimmer • €€

ESSEN UND TRINKEN
Benny Hadayag ▶ S. 41, a 1
Der beste Fang • Benny, der Fischer, ist eine Institution am alten Hafen. Riesige frische Portionen und Vorspeisensalate vom Feinsten.
Tel Aviv • Tel Aviv Port • Tel. 03/5 44 05 18 • tgl. 12–0.30 Uhr • www.namal.co.il • €€€

Container ▶ S. 41, a 4
Fische und Events • Eine großartige Mischung aus Restaurant, Bar, Galerie und Musiklounge direkt am Wasser. Die Gäste sitzen an Tischen aus Europaletten, ein aufgesägter Container dient als Küche und Verkleidung für die riesige Bar. Es gibt feine Kreationen wie Calamari-Salat mit schwarzen Linsen.
Jaffa • Warehouse 2, Jaffa Hafen • Tel. 03/6 83 63 21 • So–Do ab 12, Fr/Sa 10–2 Uhr • www.container.org.il • €€€

Etzel Pini Behatzer ▶ S. 41, a 4
Traumhafter Blick • An der Promenade Richtung Jaffa gibt es zu den leckeren Fleisch- und Fischgerichten sowie einer hervorragenden Mezze die schönsten Sonnenuntergänge.
Tel Aviv • 6 Nachum Goldman St. • Tel. 03/6 82 21 11 • Mo–Do 9.30–23.30, Fr/Sa ab 9, So ab 12 Uhr • €€€

Stefan Braun ▸ S. 41, b 3
Fleischköstlichkeiten • Ein romantischer Hinterhof und die ehemaligen Ladenräume des gleichnamigen Pelzhändlers bieten die Kulisse für erstklassig zubereitete Gerichte wie Lamm-Kebab oder Rumpsteak. Vegetarisches gibt es auch.
Tel Aviv • 99 Allenby St. • Tel. 03/5 60 47 25 • tgl. 12–3 Uhr • €€€

Café Patisserie ▸ S. 41, a 4
Alles hausgemacht • Ein reizendes Café mit kleinen Mosaiktischen in Jaffas Altstadt. Die Kuchenkarte wechselt täglich. Für den herzhaften Geschmack gibt es Quiches, Sandwiches oder auch leckeren Linsensalat mit Käse.
Jaffa • 15 Kedumim Square • Tel. 0 77/4 03 02 58 • tgl. 8–1 Uhr • €€

Dr. Shakshuka ▸ S. 41, a 4
Alles zusammen • So lautet die Übersetzung für »Shakshuka«. Wer im Innenhof des etwas angestaubten, aber charmanten Restaurants sitzt, kann dem Koch beim gewagten gleichzeitigen Hantieren mit mehreren Pfannen und Eiern zusehen.
Jaffa • 3 Beit Eshel St. • Tel. 03/5 18 65 60 • So–Do 8–24, Fr 8–16, Sa ab 19 Uhr • €€

Sonya Getzel Shapira ▸ S. 41, b 2
Gemütlicher Garten • Mitten in der Stadt ein ruhiges Plätzchen mit knackigen Salaten, Sandwiches und verschiedenen Shakshuka-Variationen.
Tel Aviv • Simta Almonit 1 • Tel. 0 77/5 26 12 34 • tgl. 9–24 Uhr • €€

Shlomo und Doron ▸ S. 41, b 3
Hummus-Paradies • Ab 5 Uhr morgens wird in einer kleinen Seitengasse am Markt frischer Hummus serviert. Ist der große Topf leer, schließt der Laden. Zu empfehlen: Hummus mit dem Tomaten-Ei-Gericht Shakshuka.
Tel Aviv • Ishkon 29, Carmel Markt • Tel. 0 54/6 67 55 05 • So–Fr 5–15 Uhr • €

EINKAUFEN

Wichtige Shoppingstraßen sind die **Dizengoff Street**, auf der die Boutiquen zum Hafen hin immer nobler werden, sowie die trendigere **Sheinkin Street** mit kleinen originellen Boutiquen. Im Einkaufszentrum **Dizengoff Center** verkaufen donnerstags (16–21 Uhr) und freitags (10–16 Uhr) junge israelische Modemacher ihre Kreationen. In Jaffa lädt der **Flohmarkt** zum Bummeln und Wühlen ein, Kunst aller Art und begnadete Juweliere finden sich dort in den kleinen Gassen der **Altstadt**.

AM ABEND
BARS/CLUBS
70piliim ▸ S. 41, b 2
Bar und Weinladen: Wer seinen Lieblingstropfen nicht auf der Karte findet, kann ein Fläschchen aus dem gut sortierten Laden gegen Gebühr in der Bar entkorken lassen. Das Publikum ist eher jünger.
Tel Aviv • 70 Bograshov St. • Tel. 03/6 29 17 77 • tgl. 11 Uhr bis nachts

Haoman 17 ▸ S. 41, b 4
Schweißtreibender Mega-Club für Tausende Partygänger und die besten DJs der Welt. Einmal im Monat ist Gay-Party. Stylish gestaltete Räume, gehobeneres Publikum und entsprechende Preise.
Tel Aviv • 88 Abarbanel St. • Tel. 03/6 81 36 36 • tgl. ab 21 Uhr

Shalvata ▶ S. 41, a 1

Ob Sundowner, Absacker oder ein Cocktail zwischendurch: Das Shalvata, tagsüber noch ein Familientreff, ist abends ein riesiger Sandkasten mit Outdoor-Bar.
Tel Aviv • Tel Aviv Port • Tel. 057/9 44 28 73 • http://shalvata.rest-e.co.il • tgl. 9 Uhr bis nachts

Sheinkin 56 ▶ S. 41, b 3

Pub und Bar mit Blick auf die durchgestylten Passanten der Sheinkin Street. Als Bistro auch ein guter Frühstückstipp!
Tel Aviv • 56 Sheinkin St. • Tel. 077/3 29 42 99 • tgl. 8–1 Uhr

KONZERTE, THEATER, OPER
The Arab-Hebrew-Theatre
▶ S. 41, a 4

Die arabischen und jüdischen Schauspieler führen getrennte, aber auch gemeinsame Produktionen vor.
Jaffa • 10 Mifratz Shlomo St. • Tel. 03/5 18 55 63 • www.arab-hebrew-theatre.org.il

Cameri Theater ▶ S. 41, b 2

Drei Mal die Woche werden die beliebtesten Stücke mit englischen Untertiteln gespielt.
Tel Aviv • 19 Shaul Hamelech St. • Tel. 03/6 06 19 00 • www.cameri.co.il

Habima Theater ▶ S. 41, b 2

Israels Nationaltheater, seit 1928 am Platz, soll nach vierjährigen aufwendigen Renovierungsarbeiten im Herbst 2011 wieder eröffnet werden.
Tel Aviv • 2 Tarsat St. • Tel. 03/6 29 55 55 • www.habima.co.il

Israeli Opera ▶ S. 41, b 2

Israelische und internationale Tanzgruppen und Sänger geben sich die Klinke in die Hand. Die Opern haben englische Untertitel. Konzerte von Klassik bis Jazz.
Tel Aviv • 19 Shaul Hamelech St. • Tel. 03/6 92 77 77 • www.israel-opera.co.il

MERIAN-Tipp
NAHALAT BINYAMIN MARKT
▶ S. 41, b 3

Fantasievoller Schmuck neben originellem Zubehör fürs Bad, gegenüber ein Stand mit handbemalter Keramik oder trendigen Designertaschen und eine Ecke mit Holzarbeiten oder witzigen Handpuppen für Kinder: 230 israelische Künstler sind zwei Mal die Woche neben dem Carmel Markt Publikumsmagnet. Vor allem freitags herrscht eine bunte und lebendige Atmosphäre.
Tel Aviv • Nahalat Binyamin St./Ecke Allenby St. • Di, Fr 10–18 Uhr

Mann Auditorium ▶ S. 41, b 3

Hier spielt das Israelische Philharmonische Orchester Stücke sämtlicher klassischer Komponisten vor bis zu 3000 Musikliebhabern.
Tel Aviv • Huberman St. • Tel. 03/6 21 17 77 • www.ipo.co.il

Suzanne Dellal Centre for Dance and Theatre ▶ S. 41, a 3

Mit rund 750 Vorstellungen und Events eine der kulturellen Hauptattraktionen der Stadt und Heimatbühne der Weltklasse-Truppe Bat Sheva Dance Company.
Tel Aviv • 5 Yechieli St., Neve Tzedek • Tel. 03/5 10 56 56 • www.suzannedellal.org.il

48 TEL AVIV UND DIE KÜSTE

SERVICE
AUSKUNFT
Touristeninformation Tel Aviv
▶ S. 41, a 3

Das Informationszentrum bietet neben viel Kartenmaterial und Flyern vier kostenlose geführte Touren (engl.) an: »Tel Aviv By Night« (Di 20 Uhr), »Old Jaffa« (Mi 9.30 Uhr), »Bauhaus – The White City« (Sa 11 Uhr) und »Tel Aviv University: Art and Architecture« (Mo 11 Uhr).
Tel Aviv • 46 Herbert Samuel St. • Tel. 03/5 16 61 88 • www.visit-tlv.com • So–Do 9.30–17, Fr bis 13 Uhr

Visitors Center Jaffa ▶ S. 41, a 4

2011 komplett erneuert, ist das Center ein prima Einstieg in das Erlebnis Jaffa: Eine Zeitreise in Bildern und ein zehnminütiger Film über die Geschichte der Stadt machen den Besuch noch interessanter.
Jaffa • Kedumim Square • Tel. 03/51 84 015 • www.oldjaffa.co.il

VERKEHR
Bahn

Über die Webseite der Israel Railways ist es sehr einfach, Verbindungen zu finden und Tickets zu buchen. Tel Aviv hat drei Bahnstationen: den Hauptbahnhof Tel Aviv Center am Ende der Arlossorof Street sowie die Station HaShalom (beim Azrieli Center) und HaHaganna (nicht weit von der Central Bus Station). Vom Center fahren Züge stündlich an der Küste nach Norden und Süden entlang, alle zwei Stunden nach Jerusalem (1 Std. 45 Min., 22 NIS).
Tel. 03/6 11 70 00 • www.rail.co.il
– Tel Aviv Center ▶ S. 41, c 4
– HaShalom ▶ S. 41, c 1/2
– HaHaganna ▶ S. 41, c 4

Busse

In Tel Aviv fahren zwischen 5 Uhr und Mitternacht im Minutentakt Busse des Unternehmens Dan.
Tel. 03/6 39 44 44 • www.dan.co.il
Von der Central Bus Station im Süden der Stadt, schon nahe Jaffa, fahren die grünen Egged-Busse Ziele im ganzen Land an. Zum Beispiel alle 15 Minuten Jerusalem (20 NIS), mindestens stündlich Eilat (75 NIS).
Tel. 03/6 38 41 06 • www.egged.co.il
Tel Aviv, Central Bus Station
▶ S. 41, c 3
Eine weitere Möglichkeit sind die gelben Sammeltaxen (Sherut), die man einfach per Handzeichen anhält. Am Schabbat fahren nur die Sammeltaxen.

Fahrräder

In der Stadt nichts für Nervenschwache, man fährt vor allem auf den vollen Gehsteigen. An der Strandpromenade und im Yarkon-Park macht Radeln jedoch Sinn. An 150 Stellen der Stadt stehen seit 2011 grüne Rent-a-bike-Stationen. Fahrradläden vermieten auch.

Flüge

Der internationale Ben-Gurion-Flughafen ist 25 km von Tel Aviv entfernt. Vom Sde-Dov-Flughafen im Norden Tel Avivs starten die Maschinen nach Eilat.
Tel. 03/6 90 22 10 • www.arkia.co.il
– Ben-Gurion-Flughafen ▶ S. 150, C 5
– Sde-Dov-Flughafen
▶ S. 41, nördl. a 1

Ziele in der Umgebung
◎ Beit Guvrin-Maresha National Park ▶ S. 150, C 6

In diesem Nationalpark mit den Ruinen der beiden Städte Beit Guv-

Im Restaurant Doña Rosa (▶ MERIAN-Tipp, S. 50) kann man in urigem Ambiente – auch mit Live-Musik –argentinische Steaks essen und kühle Getränke genießen.

rin und Maresha sind auch Hunderte, teilweise von Menschenhand geschaffene Höhlen. Zu sehen sind u. a. die mehr als 20 m hohen Glockenhöhlen, ein römisches Amphitheater oder Grabeshöhlen aus dem 3. bis 2. Jh. v. Chr. In dem weitläufigen Park gibt es Fußwege, aber auch Parkplätze bei jeder Attraktion. Ideal für ein Picknick.
An der Straße 35 • Tel. 08/6 81 10 20 • www.parks.org.il • tgl. 8–16/17 Uhr (Winter/Sommer)
60 km südöstl. von Tel Aviv

◉ Caesarea National Park
▶ S. 148, C 3

König Herodes der Große verwandelte ab 22 v. Chr. die ehemalige Phönizierstadt in eine Perle am Mittelmeer und gab ihr den Namen Caesarea. Palastanlagen entstanden, Prachtstraßen, Tempel und ein Theater für 5000 Menschen. Der Hafen mit den riesigen Wellenbrechern war zeitweise der wichtigste in Palästina. Auch unter den Kreuzfahrern erlebte der Ort eine Blütezeit. Ende des 13. Jh. wurde Caesarea von den Mamelucken weitgehend zerstört. Die Ausgrabungsstätte ist eine der wichtigsten Sehenswürdigkeiten.
Tel. 04/6 26 70 80 • www.parks.org.il • So–Do, Sa 8–16/18 Uhr, Fr bis 16/17 Uhr (Winter/Sommer) • Eintritt 38 NIS
60 km nördl. von Tel Aviv

ESSEN UND TRINKEN

Helena

Gourmettempel am Wasser • Hier hat selbst die Pizza Gourmetkäse als Belag, das Hühnchen brät in Dattelsirup, und auch bei den Fischgerichten erweist sich Nachwuchs-Starkoch Amos Sion als fantasievoll.
Caesarea Port, The Old Town • Tel. 04/6 10 10 18 • tgl. 12–23 Uhr • €€€

MERIAN-Tipp

DOÑA ROSA ▸ S. 148, C 2

Der Grill, der Grillmeister, die Kohle und selbstverständlich das Fleisch stammen aus Argentinien. Mit dem rustikalen Steakhaus haben die Brüder Rautfteisch ihrer Großmutter Doña Rosa ein Denkmal gesetzt. Israelis und Touristen sind vom Essen und vom Ambiente begeistert. Ein Highlight sind die Minigrills auf den Holztischen. Am Wochenende sollte man abends reservieren.
Ein Hod • Tel. 04/9 54 37 77 • Mo–Sa 12–23 Uhr • www.ein-hod.info/dona_rosa • €€€€–€€€

◉ Ein Hod ▸ S. 148, C 2
600 Einwohner

Eine berühmte Künstlerkolonie, in der gut ein Drittel der Einwohner mit Keramik, Glaskunst, Skulpturen und Malereien ihr Geld verdient. Das Dorf aus Steinhäuschen ist idyllisch gelegen am Karmelgebirge, aber eben auch betroffen vom großen Brand im Dezember 2010. Etwa 20 Gebäude brannten nieder oder wurden beschädigt. Sehenswert ist neben den Galerien und Ateliers auch das Janco-Dada-Museum mit Werken des Künstlers Marcel Janco.
Janco-Dada-Museum, M. P. Hof Hacarmel • Tel. 04/9 84 23 50 • www.jancodada.co.il • So–Do 9.30–15.30, Fr bis 14, Sa 10–16 Uhr • Eintritt 20 NIS
68 km nördl. von Tel Aviv

ÜBERNACHTEN

Es gibt ca. 20 Zimmer in Ein Hod, oft im individuellen Künstlerlook.

ArtRest
Romantischer geht's nicht • Ockerfarbene Wände und blauer Boden, dazu Naturstein und ein ungewöhnliches Mosaik-Bad: Designerin Lisa Jacobson und Ehemann Gil Besher haben ihre beiden Gästehäuschen mit viel Liebe eingerichtet. Jedes mit eigener Terrasse.
34 Ein Hod • Tel. 04/9 84 15 60 • www.ein-hod.info • 2 Zimmer • €€

◉ Nahal Me'arot ▸ S. 148, C 3

Bei der Anfahrt erinnern die Felsen mit den zu besichtigenden Höhlen an eine Miniaturausgabe des Grand Canyon.
Tel. 04/9 84 17 50 • So–Do 8–17, Fr bis 16 Uhr • Eintritt 20 NIS
63 km nördl. von Tel Aviv

◉ Netanya ▸ S. 148, C 4
180 000 Einwohner

Ein beliebter Badeort bei den Israelis wegen der 11 km langen feinen Strände. Die Küste ist von subtropischem Klima geprägt und verfügt über eine mehrere Kilometer lange Promenade. Netanja ist Zentralort der Scharonebene.
30 km nördl. von Tel Aviv

◉ Zichron Yaakov ▸ S. 148, C 3
9000 Einwohner

»Jakobs Denkmal« heißt der kleine Ort auf dem südlichen Karmel – benannt nach dem Vater von Baron Edmond de Rothschild, der die Besiedlung finanzierte und der hier beigesetzt ist. In der Fußgängerzone gibt es nette Kunstläden und Galerien. Zum Ort gehört auch eine der Kellereien der Carmel Winery (Tel. 04/6 29 09 77, So–Do 8.30–15.30, Fr bis 13 Uhr).
60 km nördl. von Tel Aviv

Haifa

▶ S. 148, C 2

270 000 Einwohner
▶ Stadtplan, S. 51

»Bergstadt am Meer« nennt sich Haifa gern. Angesichts des gerade mal ein paar Hundert Meter hohen Karmelgebirges ist dies für alpenfeste Touristen dann doch eine leichte Übertreibung. Doch wer vom Meer Serpentinen, Gässchen und Stufen hochläuft, hat schnell ein ganz deutliches Gefühl von »da oben« und »da unten«. Von »da oben« genießt man den fantastischen Blick über die Bucht. »Da unten« stehen Urlauber fasziniert vor den **Bahai-Gärten** 2, deren Terrassen sich den gesamten Hang entlangziehen.

Der natürliche Hafen war im Lauf der Jahrhunderte für viele Herrscher interessant. Vor tausend Jahren noch eine wichtige arabische Stadt, versank Haifa nach Schlachten mit den Kreuzrittern und dann nach dem Aufstieg Akkos erst einmal in der Bedeutungslosigkeit. Die Zeiten änderten sich jedoch dramatisch mit der jüdischen Einwanderung und dann 1904, als die Zugverbindung Damaskus – Haifa – Kairo eingeweiht wurde.

Haifa ist heute die drittgrößte Stadt Israels und über seinen Hafen, den größten des Landes, laufen 90 % des Im- und Exports. Ein Viertel der Bevölkerung ist arabischer Herkunft (Christen und Moslems).

SEHENSWERTES
Bahai-Gärten 2   ▶ S. 51, b 3

Es gibt tolle Fotos von den Bahai-Gärten, die die Pracht erahnen lassen. Aber diese 19 akkurat angelegten, kreisförmigen Terrassen und aufwendig bepflanzten Gärten mit eigenen Augen zu sehen, ist noch mal ein ganz anderes Erlebnis.

Genau in der Mitte erhebt sich der Schrein des Bab, der nach zweieinhalbjähriger Renovierung seit April 2011 wieder ohne Bauhülle dasteht und in neuem Glanz erstrahlt: Möglich machen das 11 790 neue Fliesen auf der Kuppel. Hier liegen die Gebeine des Persers Sayyid Ali Muhammad (1819–1850), der sich selbst »Bab« (arabisch: Tor) nannte und der ein Wegbereiter der Bahai-Religion war. Der Bab wurde wegen seines Glaubens hingerichtet. Der Stifter der Religion, Baha'ullah (1817–1892), ist in Akko (▶ S. 56) beigesetzt.

80 Hatzionut Ave. (Haupteingang) • Tel. 04/8 31 31 31 • www.ganbahai.org.il • Innere Gärten und Schrein tgl.

Die wunderschön und aufwendig bepflanzten Bahai-Gärten (▶ S. 52) sind um den heiligen Schrein des Bab am Berg Karmel in Haifa angeordnet.

9–12, äußere Gärten tgl. 9–17 Uhr • Touren tgl. außer Mi 12 Uhr (Treffpunkt 45 Yefe Nof St., 50 Min.)

Elias-Höhle ▸ S. 51, a 1
Der Legende nach soll sich der Prophet Elias hier vor König Ahab versteckt haben, nachdem er den Mord an 450 Baal-Priestern befohlen hatte. Sowohl Juden, Christen als auch Moslems kommen hierher zum Beten.
Allenby St. • Tel. 04/8 52 74 30 • So–Do 8–17, Fr 8–12.45 Uhr

German Colony ▸ S. 51, c 2
Am Fuße der Bahai-Gärten befindet sich eine ehemalige Templer-Kolonie, heute Gourmetzentrum der Stadt, mit schönen Hotels entlang des Ben Gurion Boulevards. Deutsche Templer aus Württemberg hatten das Viertel 1869 gegründet. Die Häuser sind heute restauriert, und man findet Inschriften wie »Herr, lass leuchten Dein Antlitz über uns« über den Türen.
Ben Gurion Blvd.

Karmeliterkloster Stella Maris ▸ S. 51, a 1
Am Berg Karmel wurde der Karmeliterorden 1155 gegründet, das heutige Kloster wurde 1836 eingeweiht. Es ist den Propheten Elias und Elischa gewidmet. Die bemalte Kuppel zeigt Szenen aus dem Leben der Propheten. Schräg gegenüber vom Kloster ist die obere Station der Stella-Maris-Seilbahn.
Stella Maris Rd. • tgl. 8.30–12, 15–18 Uhr

Skulpturengarten ▸ S. 51, b 2
Seit 1978 stehen in einem kleinen Park am Hang, nicht weit von den Bahai-Gärten entfernt, 29 Skulpturen der Künstlerin Ursula Malbin.
112 HaZiyyonut Ave.

Wadi Nisnas ▸ S. 51, d 2/3
Wadi Nisnas ist ein älteres Viertel mit arabischen Geschäften, dem stimmungsvollen arabischen Markt und viel Kunst an den Häuserwänden. Ein Rundgang durch die engen Straßen lohnt sich!

MUSEEN

Haifa Museum of Art ▸ S. 51, c 2
Im Museum der Modernen Kunst finden wechselnde Ausstellungen israelischer und internationaler Künstler statt.
26 Shabbetai Levi Str. • Tel. 04/8 52 32 55 • www.hms.org.il • So–Mi 10–16, Do 16–19, Sa 13–13 Uhr • Eintritt 30 NIS

National Maritime Museum ▸ S. 51, a 1
Eine der größten archäologischen Sammlungen Israels, bei der sich alles um die 5000-jährige Geschichte der Seefahrt dreht. Ausgestellt sind unter anderem alte Seekarten, Navigationsgerät, Münzen, Anker und Modelle bekannter Schiffe.
198 Allenby Rd. • Tel. 04/8 53 66 22 • www.hms.org.il • So–Do 10–16, Fr 10–13, Sa 10–15 Uhr • Eintritt 30 NIS

Tikotin Museum of Japanese Art ▸ S. 51, b 3
Architekt Felix Tikotin hat 40 Jahre lang japanische Kunst gesammelt. Sein Nachlass ist die einzige Ausstellung dieser Art im Nahen Osten.
89 Hanassi Ave. • Tel. 04/8 38 35 54 • www.hms.org.il • So–Do 10–16, Fr 10–13, Sa 10–15 Uhr • Eintritt 30 NIS

SPAZIERGANG

Stadtplan ▸ S. 51

Es geht los am **Paris Square**, von dem aus die **Karmelit-U-Bahn** ihre kleine Bergfahrt beginnt. Steigen Sie an der Endstation Gan Ha-Em aus. Vorbei am Hotel Dan Panorama geht es zur **Louis Promenade**. Von hier aus können Sie in Ruhe den Blick aufs Meer und auf die gewaltigen Schiffe genießen, die in den Hafen einlaufen. Sie befinden sich jetzt auch oberhalb der **Bahai-Gärten**. An der Yefe Nofe Street 45, nicht am großen schwarzen Tor, starten die Gartentouren. Oder Sie folgen gleich dem Straßenverlauf, dann rechts in die Hanassi Avenue, wieder rechts in die Haziyyonut Street – und haben Spaß an schönen Fotomotiven im **Skulpturengarten**. Sie können durch den Garten gehen, der Weg führt zurück auf die Haziyyonut Street und zum **Schrein des Bab**. Zurück auf der Straße, gehen Sie weiter bergab und gelangen ins Einkaufsviertel **Hadar** mit Fußgängerzone und Läden und zum **Haifa Museum of Art**. Die Straße führt weiter nach **Wadi Nisnas** mit dem arabischen Markt. Über die Allenby Street laufen Sie zurück zur **German Colony**, wo Schilder die Entwicklung der Gegend beschreiben.
Dauer: halber Tag

ÜBERNACHTEN

The Colony Hotel ▸ S. 51, c 2

Mit Blick auf die Bahai-Gärten • Ein elegant renoviertes Hotel in der German Colony mit großzügigen Zimmern. Die Dachterrasse lädt zum Träumen ein.
28 Ben Gurion Blvd. • Tel. 04/8 51 33 44 • www.colony-hotel.co.il • 40 Zimmer • €€

Dan Panorama ▸ S. 51, b 2

Millionen-Dollar-Blick • Der Hafen, die Bucht, das Meer: Wer aus dem Dan Panorama schaut, steht wahrlich über den Dingen. Allerdings: Besonders schön sind die Zimmer nicht. Bars und Restaurants, Swimmingpool, Fitnesscenter und Sauna runden das Angebot ab.
107 Hanassi Blvd. • Tel. 04/8 35 22 22 • www.danhotels.com • 267 Zimmer • €€

Haddad Guesthouse ▸ S. 51, c 2

Zentral und günstig • Wie das Colony Hotel nur rund 400 m von den Bahai-Gärten entfernt, umgeben von schönen Restaurants. Die Zimmer sind einfach, aber sauber, die beiden neuen Suiten (für 4 Personen) bieten eine hübsche Alternative für Familien.
26 Ben Gurion Blvd. • Tel. 0 77/2 01 06 18 • www.haddadguesthouse.com • 11 Zimmer • €€ – €

ESSEN UND TRINKEN

Fattoush ▸ S. 51, c 2

Leckere arabische Küche • Neben den großen Portionen machen die liebevoll dekorierte Terrasse und der im arabischen Stil gehaltene Innenraum das Essen zu einem wahren orientalischen Erlebnis.
38 Ben Gurion Blvd. • Tel. 04/8 52 49 30 • tgl. 9–2 Uhr • €€

Hazan ▸ S. 51, c 2

Star der Shawarma-Meile • Auf der etwas heruntergekommen wirkenden Jaffa Street reihen sich die Shawarma-Läden aneinander. Einheimische strömen jedoch vor allem ins Hazan: Das Lammfleisch im noch warmen Pitabrot duftet betörend.
140 Jaffa St. • tgl. 10–2 Uhr • €

Das bemalte Deckengewölbe im Karmeliterkloster Stella Maris (▶ S. 53) in Haifa zeigt Szenen aus dem Leben der Propheten. Die Kirche gilt als Marienheiligtum Israels.

EINKAUFEN
Grand Canyon ▶ S. 51, südl. d 3

Das größte Shoppingcenter des Landes, Grand Canyon (ein Wortspiel: Das hebräische Wort »kanjon« bedeutet Einkaufszentrum), bietet neben mehr als 200 Läden auch einen Rummelplatz für Kinder.
Simcha Golan Rd., Neve Sha'anan • Tel. 04/8 14 51 00 • So–Do 10–22, Fr 10–15, Sa 19–23 Uhr

AM ABEND
BARS
Barbarossa ▶ S. 51, südl. c 3

Restaurant und Irish-Pub mit einer langen Bar. Am Wochenende sehr voll, laut und hip.
8 Pika St. • Tel. 04/8 11 40 10 • tgl. 18 Uhr bis nachts

Maidler's Pub ▶ S. 51, südl. c 3

Pub und Sportsbar für ein gemütliches Bierchen zu Fleischgerichten. 126 Moria St. • Tel. 04/8 24 87 54 • tgl. 18.30–24 Uhr

SERVICE
AUSKUNFT
Haifa Tourist Information & Visitors Center ▶ S. 51, c 2

48 Ben Gurion Blvd. • Tel. 04/ 8 53 56 05 • www.tour-haifa.co.il • So–Do 9–17, Fr 9–13, Sa 10–15 Uhr

VERKEHR
Bahn

Züge aus dem Süden und Norden halten an beiden Bahnhöfen:
– Hof Hacarmel ▶ S. 51, westl. a 3
– Merkaz Hashmona ▶ S. 51, d 1

Busse

Wer aus dem Süden kommt, für den endet die Fahrt am Hof Hacarmel-Bahnhof. Wer aus dem Norden kommt, muss am Lev Hamifratz-Busbahnhof umsteigen. Die

Sammeltaxen fahren im Viertel Hadar ab.
– Hof Hacarmel ▶ S. 51, westl. a 3
– Lev Hamifratz ▶ S. 51, südöstl. d 3
– Hadar ▶ S. 51, c 3

Metro
Die einzige U-Bahn in Israel (»Karmelit«) fährt zwischen dem Paris Square und Gan Ha-Em auf dem Karmel. So–Do 6–22, Fr 6–15 Uhr. Einf. Fahrt 6,40 NIS

Ziel in der Umgebung
◎ **Karmel National Park**
▶ S. 148, C 3

Die »Toskana Israels« mit den zahllosen Pinienbäumen hat im Dezember 2010 weltweit Schlagzeilen gemacht: Ein gewaltiger Brand, ausgelöst durch zwei Jugendliche, die ihre Wasserpfeife im völlig ausgetrockneten Unterholz anzündeten, forderte 41 Menschenleben. Ein Viertel der Fläche des Karmel-Gebirges verbrannte. Schätzungen zufolge wird es bis zu 50 Jahre dauern, bis sich die Landschaft vollständig erholt hat.
Touristenmagnet auf dem 23 km langen und 10 km breiten Mittelgebirgszug ist unter anderem der Drusenort Daliyat-al-Karmel mit 8000 Einwohnern, wo die Einheimischen lokale Spezialitäten (nicht verpassen: Dattelmarmelade) und Handwerksarbeiten verkaufen.
15 km südl. von Haifa

Akko ❸
▶ S. 148, C 2
47 000 Einwohner

Wegen seiner strategisch günstigen Lage war Akko Tausende Jahre Ziel der Großmächte. Die ägyptischen Pharaonen Thutmosis III. und Ramses II. eroberten es ebenso wie Alexander der Große und im Jahr 636 die Araber. Kreuzfahrer Baldouin I. nahm Akko im Jahr 1104 mithilfe der italienischen Handelsflotte ein. Der Hafen wurde ausgebaut, Befestigungsanlagen entstanden, ebenso die Johanniterfestung. 1291 zerstörten die Mamelucken die Stadt, die daraufhin allmählich unter Schutt und Sand versank.
Im 17. Jh. begann der Wiederaufbau unter den Drusen, im 18. Jh. ließ der türkische Pascha Dahir el-Omer eine neue Mauer bauen. Sein Nachfolger Pascha Ahmed el-Jazzar drückte der Stadt ebenfalls seinen Stempel auf, unter anderem mit dem Bau seiner Moschee. 1799 konnte er verhindern, dass Napoleons Truppen Akko eroberten.
Mit der Erfindung der Dampfschiffe ging es wirtschaftlich bergab für Akko – der Hafen war versandet und nicht tief genug. 1918 übernahmen die Briten das Kommando, 1948 dann die Israelis.
Wer heute von der Hauptstraße nach Akko abbiegt, fährt erst einmal durch die nicht sehr schöne Neustadt, bevor er sein eigentliches Ziel erreicht: die mehrheitlich von Arabern bewohnte Altstadt von Akko mit den gewaltigen Mauern aus dem 18. Jh. und der einmaligen Mischung aus Kreuzfahrerzeit und Orient. Die Stadt ist seit 2001 UNESCO-Weltkulturerbe.

WUSSTEN SIE, DASS …
… Napoleon nachgesagt wird, dass er 1799 nach 61 Tagen vergeblicher Belagerung der Stadt seinen Hut ins Wasser warf und rief: »Wer Akko erobert, erobert die Welt«?

Akko (▶ S. 56) mit seiner schönen Altstadt ist seit 2001 Weltkulturerbe der UNESCO. Der Hafen wurde früher von den Ägyptern und den Kreuzfahrern genutzt.

SEHENSWERTES

Hinweis: Für die Attraktionen Zitadelle/Kreuzfahrertstadt, Templertunnel und Okashi-Museum gibt es ein Kombi-Ticket für 27 NIS.

Ahmed-el-Jazzar-Moschee

Der Pascha ließ die Moschee mit der grünen Kuppel und dem weithin sichtbaren Minarett 1781 errichten, für den Bau wurden auch Säulen aus Caesarea nach Akko gebracht. Ahmed el-Jazzar, wegen seiner Grausamkeit auch »der Schlächter« genannt, und sein Nachfolger und Adoptivsohn Suleiman Pasha sind neben dem Gebetsraum beigesetzt. Hier werden auch Barthaare des Propheten verwahrt. Die Moschee wurde auf dem Dach einer Kreuzfahrerkathedrale gebaut.
El-Jazzar St. • tgl. 8–12.30, 13–15.30, 16–19.30 Uhr, während der Gebetszeiten geschl.

Khan Umdan

Wer im Hof der zweistöckigen Karawanserei Umdan (erbaut von el-Jazzer) steht, kann sich mit etwas Fantasie das Treiben dort Ende des 18. Jh. vorstellen. Hier waren Lagerräume, Händler und ihre Tiere wurden untergebracht. Die »Herberge der Säule« erhielt ihren Namen wegen der Säulen rings um den Hof. Sie stammen aus den Ruinen von Caesarea.
Venice Sq.

Kreuzfahrerstadt

Höhepunkt eines Akko-Besuchs ist definitiv die Besichtigung der unterirdischen Kreuzfahrerstadt unter der Zitadelle. Jahrhundertelang lag sie unter Schutt und Sand, bis man 1955 zufällig auf alte Steine stieß. Ausgrabungen begannen, 4–8 m dicke Erdschichten mussten beseitigt werden. Archäologen legten die Löffel für Kleinstarbeit zur Seite

TEL AVIV UND DIE KÜSTE

und ließen Bagger anrollen. Zu besichtigen sind gewaltige Säle wie der Speisesaal mit 12 m hohen Säulen.
1 Weizman St. (bei der Touristeninformation) • tgl. 8.30–16.30/17.30 Uhr (Winter/Sommer) • Eintritt 27 NIS (inkl. Eintritt Templertunnel/Okashi-Museum)

Templertunnel

1994 wurde der 350 m lange Tunnel, der aus dem 12. Jh. stammt, entdeckt. Er führt vom heutigen Leuchtturmparkplatz Richtung Innenstadt.
So–Do, Sa 9.30–18.30, Fr 9.30–17.30 Uhr • Eintritt 10 NIS oder Kombi-Ticket

Zitadelle

Ebenfalls von Ahmed el-Jazzar als Verstärkung für die Nordmauer erbaut wurde die Zitadelle. An der Touristeninformation vorbei gelangt man auf den 40 m hohen Schatzturm (Burj el Khazane), von wo aus man die beste Aussicht auf die Stadt und die Dachlandschaft hat.
Tgl. 8.30–16.30/17.30 Uhr (Winter/Sommer)

MUSEEN
Museum of Underground Prisoners

In der Zitadelle wurden während der britischen Mandatszeit auch jüdische Untergrundkämpfer festgehalten und hingerichtet. An diese Zeit erinnert das Museum.
1 Weizman St. (bei der Touristeninformation) • Tel. 04/9 91 13 75 • So–Do 8.30–16.30, Fr 8.30–13.30 Uhr • Eintritt 15 NIS

Okashi-Museum

Avschalom Okashi (1918–1980) gehörte nach dem Unabhängigkeitskrieg zu den Gründern einer Künstlergruppe namens New Horizon. Neben seinen Werken gibt es auch

Im Refektorium der Kreuzfahrerstadt in Akko (▶ S. 57) sind noch zwei mit der Bourbonen-Lilie des französischen Königs Louis VII. verzierte Pfeiler zu sehen.

Wechselausstellungen mit moderner israelischer Kunst.
El-Jazzar St. • So–Do 8.30–18, Fr 8.30–14 Uhr • Eintritt 10 NIS oder Kombi-Ticket

Türkisches Badehaus/Stadtmuseum 👨‍👦

Eine Multimediashow bringt längst vergangene Zeiten zurück: Erzählt wird die Geschichte des letzten Badewärters in dem Chamam, der 1780 von Ahmed el-Jazzer gebaut wurde und bis 1947 in Betrieb war. Hier massiert Haj Bashir mit Hingabe seine Klientel und plaudert über das gesellschaftliche Leben jener Zeit.
El Hazzar St. • Sa–Do 8.30–17/18, Fr 8.30–14/17 Uhr (Winter/Sommer) • Eintritt 25 NIS oder in Verbindung mit dem Kombi-Ticket 46 NIS

ÜBERNACHTEN
Palm Beach Club

Zeit zum Verwöhnen • Nur 2 km von der Altstadt entfernt ist dies ein herrlicher Platz, um sich von einem anstrengenden Besichtigungstag zu erholen. Hier bietet sich auch ein Entspannungstag im Countryclub an – am Strand, am riesigen Pool, im Spa, im Fitnessraum.
Sea Shore • Tel. 04/9 87 77 77 • www.eng.palmbeach.co.il • 125 Zimmer • €€€–€€

Akkotel

Nostalgischer Charme • Ein komfortables Boutiquehotel innerhalb der Altstadtmauern, im 18. Jh. unter ottomanischer Herrschaft gebaut und von den Besitzern detailgetreu renoviert. Wunderschöner Blick von der Dachterrasse auf die Altstadt.
1 Salahuddin St. • Tel. 04/9 87 71 00 • www.akkotel.com • 16 Zimmer • €€

ESSEN UND TRINKEN
Uri Buri

Das beste Fischrestaurant im Land • Grillen, rösten, braten, räuchern, pökeln, backen, garen, dünsten – was auch immer man mit Fisch anstellen kann, Besitzer Uri Buri tut es. Gourmets liegen ihm zu Füßen, wenn zum Beispiel Seebarsch mit Kokosnussmilch, Chili und Apfel serviert wird. Auch für Vegetarier gibt es Gerichte.
Lighthouse Sq. • Tel. 04/9 55 22 12 • www.uriburi.co.il • tgl. 12–23 Uhr • €€€

Udeh Restaurant

Mit Marktflair • Das Udeh liegt mitten im Markt und hat eine ganz eigene Atmosphäre. Leckere Grillspieße, Fisch und arabische Salate sind die Spezialitäten.
Stadtmarkt/Souk • Tel. 04/9 91 20 13 • tgl. 10–24 Uhr • €€

EINKAUFEN

Der Türkische Basar gegenüber der El-Jazzar-Moschee ist die Adresse für Schals, Decken, Keramik, Handtaschen, Schmuck und andere Souvenirs. Der Souk el-Aiyad (»Der Weiße Markt«) bietet Leckereien von Obst über Gewürze bis hin zu Fisch und Fleisch an.

SERVICE
AUSKUNFT
Touristeninformation

Hier wird ein kleiner Film zur Geschichte Akkos gezeigt und hier sollte man sich Karten und Kombitickets für die Sehenswürdigkeiten besorgen.
1 Weizman St. • Tel. 04/9 95 67 06 • www.akko.org.il • Sa–Do 8.30–17.30, Fr bis 17 Uhr

MERIAN-Tipp

KURDI UND BERIT GEWÜRZE
▸ S. 148, C 2

Seit vier Generationen handelt die Familie weltweit mit Gewürzen und Kaffee, und Kurdi Hamudi freut sich, wenn er sein Wissen mit den Kunden teilen kann. Zunächst serviert er in seinem Laden mitten im Markt arabischen Kaffee mit Vanillegeschmack, dann öffnet er die Gewürzgläser für Schnupperproben und den Safe, um den Safran zu zeigen. Allein von den zwölf Currysorten wird einem schwindelig. Herr Hamudi gibt auch gern Rezepttipps.
Akko • Stadtmarkt/Souk, nahe dem Eingang zum Templertunnel • Tel. 04/9 91 61 88 • tgl. 9–18 Uhr

VERKEHR
Bahn

Drei Mal pro Stunde fahren Züge Richtung Norden und Süden.
www.rail.co.il

Busse

Richtung Haifa fahren Busse ein bis zwei Mal pro Stunde, nach Naharyia alle 15 Min.
Busstation und Bahnhof: David Remez St., 2 km von der Altstadt

Ziele in der Umgebung
◎ **Bahaischrein Bahje House**
▸ S. 149, D 2

Die heiligste Stätte des Bahi-Glaubens: Hier ist Religionsstifter Baha'ullah beigesetzt.
Gärten tgl. 9–16 Uhr, Schrein Fr–Mo 9–12 Uhr
1 km nördl. von Akko

◎ **Kibbutz Lohamei HaGetaot**
▸ S. 149, D 2

Der Kibbuz wurde 1949 von Holocaust-Überlebenden gegründet. Der Name bedeutet übersetzt »Die Ghetto-Kämpfer«. Das sehr bewegende Ghetto Fighters' House Museum ist die zweitgrößte Gedenkstätte nach Yad Vashem.
Tel. 04/9 95 80 80 • www.gfh.org.il • So–Do 9–16, Fr 9–13 Uhr
5 km nördl. von Akko

◎ **Nahariya** ▸ S. 149, D 1
52 000 Einwohner

Der Badeort allein wäre noch keine Reise nach Israel wert. Aber die schönen Strände (auch nördlich im Akhziv National Park) und die abwechslungsreiche Umgebung machen den Ort zu einem perfekten Ausgangspunkt für Tagestouren.
15 km nördl. von Akko

ÜBERNACHTEN
Madison Hotel

Chic am Meer • Nach einer Komplettrenovierung im Juni 2011 als Nachfolger des Park Plaza ein sehr schönes Hotel in Top-Lage. Gäste haben freien Eintritt in den Countryclub gegenüber: privater Strand, großer Pool.
17 Ha'alia St. • Tel. 0 73/2 00 50 00 • www.madison-hotel.co.il • 90 Zimmer • €€€–€€

Hotel Frank

Funktional und preiswert • Auf den ersten Blick wirkt der Betonkasten nicht sehr einladend, aber das Haus liegt ruhig. Es gibt einen Garten, die sauberen Zimmer haben Meerblick.
4 Ha'alia St. • Tel. 04/9 92 02 78 • www.hotel-frank.co.il • 49 Zimmer • €€–€

ÜBERNACHTEN IN DER UMGEBUNG
Dolphin Village ♛♛

Mit eigenem Garten • Nicht weit vom Kibbuz-Strand entfernt stehen die gemütlichen Häuschen. Ideal für Urlaub mit Kindern.
Shavei Zion, Habrosh St. • Tel. 0 77/2 05 09 41 • www.dolphinvillage.co.il • 22 Zimmer • €€–€
3 km südl. von Nahariya

Gesher HaZiv Travelers' Hotel

Die besten Insidertipps • Die Betreiber des Kibbuz-Hotels legen Wert darauf, dass ihre Gäste auch die nicht so berühmten Ausflugsziele in der Umgebung und Restaurants der Einheimischen kennenlernen.
Kibbutz Gesher HaZiv • Tel. 04/9 95 85 68 • www.travelhotels.co.il/eng/ • 28 Zimmer • €€–€
4 km nördl. von Nahariya

ESSEN UND TRINKEN
Penguin

Tipp der Einheimischen • 1940 gegründet und damit älter als der Staat Israel ist das inzwischen modernisierte Café-Restaurant bis heute ein wichtiger Treffpunkt der Anwohner. Toller Service, zu empfehlen ist u. a. der Seebarsch.
33 HaGa'aton Blvd. • Tel. 04/9 92 00 27 • So–Fr 8–2, Sa 9–2 Uhr • €€

◎ Rosh Hanikra ♛♛ ▶ S. 149, D 1

Hier geht es nicht mehr weiter, das war's, hier ist die undurchdringbare Grenze zum Libanon. Militärfahrzeuge, gewaltige Antennen – und gleich daneben der Parkplatz für die Touristen. Heute kommen Urlauber wegen der Grotten von Rosh Hanikra. Mit einer Gondel oder zu Fuß geht es 70 m an den weißen Klippen entlang hinab zu den Kalksteinhöhlen. Ein 400 m langer Pfad führt durch die Grotten, in denen das Meer mit Wucht an die Wände klatscht. In einem Eisenbahntunnel wird ein 15-minütiger Film gezeigt.
Tel. 0 73/2 71 01 00 • www.roshhanikra.com • So–Do 9–16/17 (Winter/Sommer), Fr 9–15, Sa 9–18 Uhr
21 km nördl. von Akko

ESSEN UND TRINKEN
Diners Rosh Hanikra Restaurant

Schwindelerregend • Nur wenige Meter (!) von der israelisch-libanesischen Grenze entfernt, bietet das Restaurant neben dem Blick auf die weißen Felsen und die Küste ein großes Frühstück, Hummus-Gerichte, Burger, Sandwiches und Salate. Neben der Rosh-Hanikra-Gondel.
Tel. 04/9 52 01 59 • tgl. 9–16 Uhr • €€

MERIAN-Tipp 5

LA CRÊPE JACOB ▶ S. 148, C 1

Weg aus der Stadt, rein ins idyllische Moshav: Vor den Toren Nahariyas hat sich Monsieur Jacob ein Stückchen gemütliche Heimat geschaffen – ein Bistro mit französischen Plakaten und Nonstop-Chansons. Die Crêpes mit Käse, Schinken, Wurst oder die süßen Variationen sind himmlisch. Tipp für Paare: Das Lunch-Special (Vor-, Haupt-, Nachspeise) teilen.
Moshav Ben Ami • Tel. 04/9 52 02 99 • Mo–Sa 10–15, 19 bis nachts, Sa 10–22 Uhr • €€€
von Nahariya auf der Straße 89 Richtung Osten, nach 2 km rechts abbiegen, gleich wieder rechts, der Beschilderung folgen

Galiläa und Golan
Traumhafte Landschaften, sensationelle Aussichten und der See Genezareth prägen diese Region im Norden fernab der hektischen Städte. Hier verbrachte Jesus die meiste Zeit seines Lebens.

◄ Die Weiße Moschee El Abiyad (▶ S. 64) sticht aus dem Ensemble von Nazareths Altstadt heraus.

Nazareth
▶ S. 149, D 2

66 000 Einwohner

Eine Schönheit ist sie auf den ersten Blick nicht, die Stadt, in der der Erzengel Gabriel Maria die Geburt Jesu verkündete und in der Jesus immerhin 30 Jahre seines Lebens verbracht haben soll.

Auch Nazareth blickt auf eine wechselhafte Geschichte, in der die Christen ab dem 5. Jh. gegen den Widerstand der jüdischen Bevölkerung die erste Kirche bauten. Perser gemeinsam mit Juden zerstörten Nazareth Anfang des 7. Jh. Die Byzantiner rächten sich nur 15 Jahre später. Auf die Kreuzfahrer im 12. Jh. folgte Saladin. Unter den Mamelucken fiel der Ort in die Bedeutungslosigkeit. Erst unter den Ottomanen durften die Franziskaner ein Kloster gründen, und im 19. Jh. begann die Entwicklung zu einer modernen Stadt. Sie wurde 1948 von israelischen Truppen erobert. Nazareth ist heute die größte arabische Stadt Israels.

SEHENSWERTES
Gabrielskirche

Griechisch-orthodoxe Gläubige gehen davon aus, dass der Erzengel Gabriel an dieser Stelle Maria erschien, als sie gerade Wasser holte. Die wunderschön verzierte Kirche wurde 1750 erbaut.
Nördl. Ende der El Bishara St. • tgl. 8–18 Uhr

Marienbrunnen und Altes Badehaus

Bei Renovierungsarbeiten für ihren Souvenirladen Cactus entdeckte das Ehepaar Shama 1993 das einzige öffentliche Bad Nazareths aus der Römerzeit. Das Wasser kam zu jener Zeit vom nahe gelegenen Marienbrunnen. Elias und Martina bieten halbstündige Touren ab vier Personen in mehreren Sprachen an.
Paul VI. St. • Tel. 04/6 57 85 39 • www.nazarethbathhouse.org • Mo–Sa 9–18 Uhr • Eintritt 120 NIS (1–4 Personen)

Mensa-Christi-Kirche

Von der arabischen Bevölkerung wird die Franziskanerkirche (1861) mit der roten Kuppel »El Balata« – »Felsen« – genannt, und zwar wegen des Kalksteinblocks, an dem Jesus und die Jünger nach der Auferstehung gespeist haben sollen. Die Wärterfamilie Daniel (Straße gegenüber, erste Tür rechts) verwahrt den Schlüssel.
Westl. der Verkündigungskirche

St. Josephskirche

Hier soll sich Josephs Werkstatt befunden haben. Die Kirche mit Ausgrabungen aus der byzantinischen Zeit wurde 1911 erbaut.
El Bishara St., neben der Verkündigungskirche • tgl. 7–17/18 Uhr (Winter/Sommer)

Synagogen-Kirche

Die Kirche aus Kreuzfahrerzeiten steht auf jenem Platz, wo sich einst die Synagoge befunden haben soll, in der Jesus lernte und lehrte.
Latin Quarter • Mo–Sa 8–18, So 8–11.30 Uhr

Verkündigungskirche

Von Weitem wirkt der moderne Bau von 1969 mit der 57 m hohen Kuppel eher wie eine Festung. Viele Besucher gehen zweifelnd in das Gebäude – und staunend wieder hinaus. Die Kirche ist die fünfte an dieser Stelle, wo Marias Haus gestanden haben und wo ihr Gabriel erschienen sein soll. Im unteren Teil der Kirche sind Reste der Vorgängerbauten integriert. Hier befindet sich der achteckige Altarraum und das Hauptziel der Pilger: die **Verkündigungsgrotte**. Die bunten Glasfenster geben der Unterkirche ein merkwürdig anheimelndes Licht. Die Oberkirche mit dem Hauptaltar ist voller Mosaiken, die Christen aus der ganzen Welt gestiftet haben, darunter auch eine japanische Maria.
El Bishara St. • Tel. 04/6 57 25 01 • www.basilicanazareth.org • Grotte tgl. 5.45–21 Uhr, Oberkirche Mo–Sa 8–17/18 Uhr (Winter/Sommer)

Weiße Moschee El Abiyad

Nazareths älteste Moschee steht am Eingang zum Souk. Zu Gebetszeiten ist sie geschlossen.
El Bishara St., am Eingang zum Souk • tgl. 10–17 Uhr

SPAZIERGANG

Nach dem Besuch der **Verkündigungs-** und der **St. Josephskirche** kommt man an der **Weißen Moschee** vorbei zum **Souk**. Auf der anderen Seite ist das Guesthouse **Fauzi Azar Inn** ausgeschildert. Ein Blick in diese 200 Jahre alte Villa mit den 5 m hohen bemalten Decken lohnt sich. Nach links gehen und dem Weg bis zum **Marienbrunnen** und dem **Alten Badehaus** folgen. Noch ein bisschen weiter nördlich ist auch die **St. Gabriel Kirche**.
Dauer: 2–3 Stunden

ÜBERNACHTEN

Al Atabeh Guesthouse

Unschlagbar preiswert • Guesthouse, Kaffeebar und Kulturevent in einem. Die Zimmer sind bescheiden, aber die Lage ist hervorragend. Im Sommer finden im Innenhof interessante Konzerte und Filmvorführungen statt.
6083 The Old Market • Tel. 04/6 08 00 31 • www.alatabeh.com • 3 Zimmer • €

Fauzi Azar Inn

Orientalische Perle • Jedes Zimmer in der 200 Jahre alten arabischen Villa sieht anders aus, aber alle haben eines gemeinsam: ungeheuren Charme. Es gibt einen Schlafsaal (elf Betten), mehrere Mehrbett- und zwei Doppelzimmer. Der Jesus-Trail führt hier vorbei.
Old City • Tel. 04/6 02 04 69 • www.fauziazarinn.com • 10 Zimmer • €

ESSEN UND TRINKEN

Alrida

Traditionelle Küche • Ein sehr beliebtes Restaurant in einem restaurierten Haus aus der Ottomanen-Zeit mit Schaschlik-Spießen, Kalbswürsten und Salatkreationen.
21 El Bishara St. • Tel. 04/6 08 44 08 • Mo–Sa 13–2, So 19–2 Uhr • €€

Sudfeh

Angenehmes Ambiente • Arabische Vorspeisen und Auberginengerichte zergehen auf der Zunge, geboten wird auch ein hübsches Ambiente innerhalb heller Steinmauern. Für abendliche Aktivitäten gibt es hier eine gut sortierte Bar.
Maayan Sq. • Tel. 04/6 56 66 11 • www.sudfeh.com • tgl. 12–23 Uhr • €€

Tishreen

Mit Holzofen • Der Koch holt eine Köstlichkeit nach der anderen aus dem Ofen. Eine davon ist »muhammar« – »flaches Brot« bedeckt mit Zwiebeln und Hähnchenfleisch.
56 Mary's Well • Tel. 04/6 08 46 66 • www.tishreen.co.il • tgl. 12–23 Uhr • €€

EINKAUFEN

Der Souk bietet das traditionelle Angebot an Souvenirs, Gewürzen und arabischem Kaffee. Devotionalien werden auf dem Weg zur Verkündigungskirche verkauft.

Authentic Gift House

Glasarbeiten, palästinensische Stickereien, Keramik, Taschen und vieles mehr. Im Gegensatz zum Markt kann man sich hier ganz in Ruhe umschauen.
Old City, Al Mutran Sq. • Tel. 04/6 08 07 47 • Mo–Mi 10–16, Do–Sa 10–22 Uhr

SERVICE

AUSKUNFT
Information Centre

Casanova St. • Tel. 04/6 01 10 72 • www.nazarethinfo.org • Mo–Fr 8.30–17, Fr 8.30–13 Uhr

VERKEHR
Busse

Egged-Busse fahren mehrmals täglich von der Central Bus Station bei

Im Restaurant Sudfeh (▶ S. 65) in der Altstadt von Nazareth kann man traditionelle arabische Gerichte in modern gestalteter Umgebung genießen.

der Verkündigungskirche nach Tel Aviv (2 Std.), Tiberias (1 Std.), Haifa (45 Min.) und Akko (1,5 Std.)
Tel. 04/6 56 99 56 • www.egged.co.il

Ziele in der Umgebung

◎ Kafr Kana ▸ S. 149, D 2

Ein arabischer Ort und die Stelle, an der Jesus sein erstes Wunder vollbracht und bei der Hochzeit zu Kanaan Wasser in Wein umgewandelt haben soll. In der Franziskanerkirche ist ein Krug ausgestellt, der bei dem Wunder eine Rolle gespielt haben soll.
8 km nordöstl. von Nazareth

◎ Megiddo ▸ S. 149, D 3

Seit mehr als 100 Jahren wird hier gegraben, 20 Siedlungsschichten entdeckten Forscher bislang. Megiddo lag an der Via Maris, der Handelsstraße zwischen Ägypten und Mesopotamien. Pharao Thutmosis III. hat hier Geschichte geschrieben, als er 1468 v. Chr. Megiddo sieben Monate belagerte und dann einnahm. Es war die erste Schlacht der Geschichte, die schriftlich dokumentiert wurde. König Salomo baute sich hier seine Bezirkshauptstadt. Später entstand eine große Festung. Dann eroberten die Assyrer die Region, und Megiddo war Geschichte.

In der Bibel heißt der Ort Armageddon. Laut der Offenbarung des Johannes soll hier die letzte Schlacht zwischen Gut und Böse stattfinden. Zu den Ausgrabungen gehören u. a. das Nordtor Salomos, ein gewaltiges Wasserversorgungssystem und die berühmten Pferdeställe.
Tel. 0 46 59 03 16 • www.parks.org.il • tgl. 8–16/17 (Winter/Sommer) • Eintritt 27 NIS
20 km südwestl. von Nazareth

◎ Mount Tabor ▸ S. 149, E 2

Der 588 m hohe Kegel ist laut Bibel der Berg der Verklärung Jesu. Umgeben von einem gleißenden, weißen Licht soll er den Jüngern Johannes, Jakobus und Petrus erschienen sein. Auf dem Plateau stehen die griechisch-orthodoxe Elija-Kirche und die Basilika der Verklärung. Schöner Blick vom Gipfel.
Straßen 60 und 65 • So–Fr 8–12, 14–17 Uhr
ca. 22 km östl. von Nazareth

◎ Zippori National Park
▸ S. 149, D 2

Eine Ausgrabungsstätte mit vielen Mosaiken in einem 16 qkm großen Park, die man nicht verpassen sollte. Im Nil-Haus zeigt ein Mosaik das Bild von Festlichkeiten in Ägypten, wenn der Nil über die Ufer trat. Und im Dionysus-Haus wartet eine schöne Frau: Die Mona Lisa Galiläas ist das bekannteste Mosaik.
Tel. 04/6 56 82 72 • www.parks.org.il • tgl. 8–16/17 (Winter/Sommer) • Eintritt 27 NIS
6 km nordwestl. von Nazareth

Tiberias ▸ S. 149, E 2

40 000 Einwohner
▸ Stadtplan S. 67

Die größte Stadt am See Genezareth zieht gläubige Juden ebenso an wie sonnenhungrige Touristen, Party-Freunde und Menschen mit schmerzenden Gelenken. Denn dafür steht Tiberias: heiße Quellen, Strand, Nachtleben, außerdem liegen hier die Gräber berühmter Rabbis. Neben Jerusalem, Hebron und Safed ist Tiberias eine der vier heiligen Städte des Judentums. Gegründet wurde die Stadt im Jahr 17 von Herodes Antipas, dem Sohn des Herodes. Er be-

nannte sie nach dem römischen Kaiser Tiberius. Für Juden galt der Ort als unrein, weil er zum Teil auf den Ruinen eines jüdischen Friedhofs entstand. Erst Ende des 2. Jh. erklärte Rabbi Schimon ben Jochai sie für »rein«, und Tiberias wurde zu einem religiösen Zentrum. Hier entstanden wichtige Schriften oder wurden fertiggestellt. Aus byzantinischer Zeit sind noch Mosaiken in einer Kirche zu sehen. Die Kreuzritter eroberten Tiberias 1099 und machten es zum Fürstentum Galiläa. Saladin schlug die Kreuzfahrer 1187, es folgten die Mamelucken, dann kamen die Osmanen.

SEHENSWERTES

Grab des Maimonides ▸ S. 67, b 3

Moses ben Maimon (1135–1204), genannt Maimonides oder kurz Rambam, gilt als einer der bedeutendsten jüdischen Philosophen und war außerdem ein bekannter Arzt. Am Weg zum Grab stehen 14 Säu-

len, die sein Werk »Mischne Tora« (14 Bände zur Rechtsauslegung) repräsentieren. Die rote Eisenkonstruktion stellt eine Krone dar.
Yohanan Ben Zakai St.

Grab des Rabbi Akiva ▶ S. 67, a 3

Der Rabbi unterstützte den Bar-Koch-Aufstand gegen das Römische Reich und wurde 135 n. Chr. hingerichtet. Das weiße Mausoleum liegt am Hang der Stadt.
Zugang von der Trumpeldor St.

Grab des Rabbi Meir
▶ S. 67, südl. c 3

Oberhalb des Hamat Tiberias National Parks sind zwei Kuppeln zu erkennen, sie gehören zu einer sephardischen und einer aschkenasischen Synagoge am Grab. Rabbi Meir war ein Schüler von Rabbi Akiva und half, die Mischna (Religionsgesetze) zu vollenden.

Gegenüber den heißen Quellen am Hang

Hamat Gader Hot Springs
▶ S. 67, südl. c 3

Seit 2000 Jahren kommen Besucher, um sich in dem mineralhaltigen Wasser zu erholen. Ein Bad bei 39 Grad soll u. a. bei Rheuma helfen. Es gibt zwei warme Pools (drinnen/draußen) sowie ein Schwimmbad und Liegewiesen.
2 km südl. der Stadt • Tel. 04/6 72 85 00 • www.hamat-gader.com • So, Mo, Mi 8–20, Di, Do 8–23, Fr 8–17, Sa 8–16/20 Uhr (Winter/Sommer) • Eintritt 69 NIS

Hamat Tiberias National Park
▶ S. 67, südl. c 3

In diesem Park entspringen die 17 heißen Quellen, deren Wasser (60 °C) das Spa auf der anderen Straßenseite speist. Hauptattrakti-

Tiberias (▶ S. 66) am See Genezareth, auf Englisch Lake Tiberias, verfügt über schöne Strände und heiße Quellen, die bereits Rabbi Akiva zur Badekur nutzte.

onen sind die Ruinen eines Badehauses und die Mosaiken in den Überresten einer Synagoge aus dem 4. Jh. Ein Bild zeigt Sonnengott Helios umgeben von Sternzeichen, darüber sind zwei Menoren.
www.parks.org.il • tgl. 8–16/17 Uhr (Winter/Sommer) • Eintritt 14 NIS, Kinder 7 NIS

The Galilee Experience ▸ S. 67, c 3

An der Marina wird ein 34-Minuten-Film über die 4000-jährige Geschichte Galiläas gezeigt.
Town Centre Marina Complex • So–Do 9–22, Fr 9–13 Uhr • Eintritt 27 NIS

Tiberium ▸ S. 67, c 3

Jeden Abend ist eine aufwendige Audio-Light-Show zu sehen.
Yigal Alon Promenade • Tel. 04/6 72 56 66 • Zeiten variieren je nach Sonnenuntergang

Wasserstandsmesser ▸ S. 67, c 4

Klingt merkwürdig für eine Sehenswürdigkeit, doch die 5 m hohe Skulptur in Form des Sees misst permanent den seit Jahren bedrohlich niedrigen Wasserstand, der digital angezeigt wird. Beliebtes Fotomotiv.
südl. Ende der Yigal Alon Promenade

SPAZIERGANG

Am südlichen Ende der Yigal Alon Promenade am Wasser beginnt der Spaziergang am **Wasserstandsmesser**. 313 m bilden die kritische rote Linie, 308 m wurden seit Jahren nicht erreicht. Hinter der Skulptur steht das **griechisch-orthodoxe Kloster**, und am Ufer erkennt man den Leaning Tower, der sich tatsächlich ein wenig Richtung Wasser neigt. Vor dem Restaurant Galai Gil geht es links zum Eingang des **Klosters St. Peter**, das besucht werden kann. Angekommen am Hotel Shirat, geht man nach links durch den **Skulpturengarten**, der Szenen aus der Vergangenheit der Stadt wiedergibt. Wenn man der Straße folgt und dann rechts in die Yohanan Ben Zakai Street geht, erreicht man nach ca. 10 Min. das **Grab des Maimonides**, von Weitem zu erkennen an der roten Stahlkonstruktion.
Dauer: 1–2 Std.

ÜBERNACHTEN

The Scots Hotel ▸ S. 67, c 3

Juwel am See • Wo heute die Gäste in luxuriösen Zimmern wohnen und durch terrassenförmige Gärten flanieren, war bis in die 50er-Jahre ein schottisches Krankenhaus. Die alten Gemäuer wurden aufwendig renoviert, ein modernes Gebäude hinzugefügt. Zum Haus gehört das **Torrance-Restaurant**, benannt nach dem Gründerarzt.
1 Gdud Barak St. • Tel. 04/6 71 07 10 • www.scotshotels.co.il • 69 Zimmer • €€€€–€€€

Shirat Hayam ▸ S. 67, c 3

Verliebt am See • Ein romantisches Hotel aus Basaltstein an der Promenade. Die Zimmer mit den Rundbogenfenstern sind stilvoll eingerichtet, einige haben Balkone mit Blick auf den See. »Shirat Hayam« bedeutet »Das Lied des Sees«.
Yigal Alon Promenade • Tel. 04/6 72 11 22 • www.shirathayam.org.il • 10 Zimmer • €€€

Gai-Beach-Resort ▸ S. 67, südl. c 4

Spaß am Wasser • Dieses große Haus liegt südlich der Stadt, direkt neben dem Gai-Beach-Wasserpark.

Hotelgäste haben dort (▶ S. 71) freien Eintritt. Eine gute Wahl besonders für Familien.
274 Derech Hamerchatzaot Rd. • Tel. 04/6 70 07 00 • www.gaibeachhotel.com • 200 Zimmer • €€€

Prima Galil Hotel ▶ S. 67, b 2
Grandioser Rundblick • Am Hang gelegen, bietet das Prima Galil eine tolle Aussicht über Stadt, Wasser und Golan sowie saubere, modern eingerichtete Zimmer, allerdings ohne Balkone.
1 Elhadif St. • Tel. 04/6 79 11 66 • www.prima.co.il • 93 Zimmer • €€€

ESSEN UND TRINKEN
Decks ▶ S. 67, c 3
Fleischtempel • Hier ist alles riesig: der Grill, das Restaurant, die Bar, die Fleischportionen. Man sitzt an rustikalen Holztischen wie auf dem Deck eines großen Schiffs. Aufmerksamer Service.

MERIAN-Tipp

ARBEL GUEST HOUSE
▶ S. 149, E 2
Beim See Genezareth und nur zehn Autominuten von Tiberias entfernt sind Sara und Ysrael Shavit für Wanderer und Ornithologen ebenso Anlaufpunkt wie für alle, die es gern grün, ruhig und gemütlich haben. Die Apartments sind mit TV, Klimaanlage und Küche ausgestattet. Ysrael ist außerdem ein hervorragender Koch und betreibt ein Restaurant.
Arbel Village, Straße 7717 • Tel. 04/6 79 49 19 • www.4shavit.com • 6 Apartments • €€–€

Lido Beach • Tel. 04/6 71 08 00 • So–Do ab 11–open end, Fr 11–16, Sa ab 20 Uhr • €€€€–€€€

Galei Gil ▶ S. 67, c 3
Herrliche Terrasse • Direkt am Wasser werden neben dem St. Petersfisch auch Grillgerichte und arabische Vorspeisensalate serviert.
Promenade • Tel. 04/6 72 06 99 • tgl. 12–23 Uhr • €€€

Lebanese Cedars Restaurant
▶ S. 67, c 3
Leckere Salate • Mezze und Fischgerichte sind Gaumenfreuden. Das Restaurant an der Promenade dient als Alternative am Schabbat, wenn fast alles geschlossen bleibt.
Promenade • Tel. 04/6 71 57 82 • tgl. 12–24 Uhr • €€€

Pagoda ▶ S. 67, c 3
Lecker asiatisch • Wer will, bekommt den St. Petersfisch in diesem China-Thai-Restaurant mit Sojasoße. Die Karte bietet aber auch herrliche Tofu-Gerichte und natürlich Huhn, Ente, Rind.
Lido Beach • Tel. 04/6 72 55 13 • So–Do 12–23, Fr 12–16, Sa ab 20 Uhr • €€€

AM ABEND
Big Ben ▶ S. 67, c 3
Ein Pub mit Terrasse, das ein bisschen in die Jahre gekommen ist, aber immer noch viel Publikum anzieht.
Fußgängerzone • So–Do ab 12 Uhr

Papaya ▶ S. 67, c 3
In-Bar, die jedoch nur im Sommer geöffnet ist. Hier soll es die besten Cocktails der Stadt geben.
Promenade • Tel. 0 54/1 24 12 00 • tgl. ab 17 Uhr

SERVICE
AKTIVITÄTEN
Bootsfahrten

– Lido Sailing • Marina • Tel. 04/
6 72 15 38 ▶ S. 67, c 3
– Holyland Sailing • Marina • Tel. 04/
6 72 30 06 • www.jesusboats.com
▶ S. 67, c 3
– Kinneret Sailing Company • Marina •
Fähren nach Ein Gev • Tel. 04/
6 65 80 07 ▶ S. 67, c 3

Wasserpark
Gai Beach Wasserpark
▶ S. 67, südl. c 4

Gepflegte Grünanlage am See, 1 km südlich des Zentrums, mit großen Wasserrutschen, darunter eine mit 70 % Gefälle für die ganz Mutigen. Dereh Hamerhatzaot • Tel. 04/6 70 07 13 • www.gaibeachhotel.com • tgl. 9.30–17 Uhr • Eintritt 70 NIS

AUSKUNFT
Tourist Information Center
▶ S. 67, c 3

9 HaBanim St. • Tel. 04/6 72 56 66 • www.tiberias.muni.il • So–Do 8–16, Fr 8–10 Uhr

VERKEHR
Busse ▶ S. 67, b 3

Die Central Bus Station befindet sich in der Hayarden Street, von hier aus gibt es regelmäßige Verbindungen mit Egged-Bussen nach Jerusalem (3 Std.), Tel Aviv (3,25 Std.), Haifa (1,5 Std.) und Obergaliläa.
Hayarden St. • Tel. 04/6 72 92 22 • www.egged.co.il

Mietwagen

– Avis • 2 Ha'amakim St. • Tel. 04/6 72 27 66 • www.avis.co.il ▶ S. 67, b 3
– Eldan • 1 HaBanim St. • 04/6 72 28 31 • www.eldan.co.il ▶ S. 67, c 3

Ziel in der Umgebung
◎ **Safed** ▶ S. 149, E 2

26 000 Einwohner

Die Hauptstadt Galiläas ist zugleich die höchst gelegene Stadt Israels (840 m ü. d. M) als auch das alte reli-

Die Abuhav-Synagoge in Safed (▶ S. 71) wurde nach Rabbi Abuhav benannt.

giöse Zentrum der Kabbala-Anhänger. Die Kabbala ist der mystische Zweig des Judentums, das Wort bedeutet »empfangen«. Kabbalisten berufen sich darauf, dass Moses nicht nur die schriftliche, sondern auch die mündliche und die esoterische Lehre von Gott erhielt. In allem Tun wird nach dem Heiligen geforscht.

Safed (oder auch Tzfat, Tsfat) war einst Sitz der Kreuzfahrer, Saladin zerstörte deren Burg. Als Folge der Vertreibung aus Spanien siedelten sich im 16. Jh. hochrangige jüdische Gelehrte hier an. 1578 druckten sie

schon das erste hebräische Buch im Nahen Osten.
1948 lebten hier 1700 Juden und 13 000 Araber, es gab heftige Gefechte. Die Araber flohen oder wurden deportiert.
30 km nördl. von Tiberias

SEHENSWERTES
Künstlerviertel
In der einst arabischen Altstadt haben sich Dutzende Künstler niedergelassen, die hier ihre Werkstätten haben, ausstellen und natürlich auch verkaufen. Man kann den Glasbläsern, Malern, Bildhauern und Juwelieren bei ihrer Arbeit auch über die Schulter schauen.

Synagogen
Von außen gar nicht immer als solche zu erkennen, sind die Synagogen von Safed im jüdischen Viertel die eigentlichen Attraktionen. Sie sind gegen eine kleine Spende tagsüber für Besucher geöffnet. Touristen sollten diese Häuser anschauen: die aschkenasische **Ha'Ari-Synagoge** mit dem wunderschönen Thoraschrein, gewidmet einem der führenden Kabbala-Gelehrten, Rabbi Itzhak Luria (1534–1572, genannt »Air«, hebr. für Löwe). Hier wird gern auf das Wunder von 1948 verwiesen, als ein Schrapnell in der vollen Synagoge in die Gebetsplattform einschlug. Niemand wurde dabei verletzt, und das Schrapnell steckt bis heute im Holz.
Die **Caro-Synagoge** erinnert an Rabbi Yosef Caro (1488–1575), ebenfalls ein großer und bekannter Gelehrter, dessen Werk »Schulchan Aruch« (»Der gedeckte Tisch«, eine Art Handbuch der Religionsvorschriften) bis heute Gültigkeit hat.

Zitadelle
Am höchsten Punkt der Stadt kann man in einem Park (Gan Hametsuda) die Ruinen der Kreuzfahrerburg besichtigen. Von hier hat man einen fantastischen Blick ins Land.

ÜBERNACHTEN
Old City Inn
Herrliche Zimmer • Eine luxussanierte alte Villa mit edel und gemütlich eingerichteten Zimmern. Das Haus wurde erst im April 2011 eröffnet. Alle Zimmer mit Balkon.
6 Jerusalem St. • Tel. 07/7 93 50 360 • www.zimmeril.com • 7 Zimmer • €€€€

ESSEN UND TRINKEN
Café Bagdad
Mit Blick und Flair • Auf der Speisekarte stehen neben Fisch, Salaten und Pizza auch Teigtäschchen (Bourekas) und Toasts. Von den Tischen an der Straße hat man einen schönen Blick ins Tal.
61 Jerusalem St. • Tel. 04/6 92 24 29 • So–Do 8.30–23, Fr bis 16 Uhr • €€

Yemenite Food Bar
Authentisch • Die jemenitischen Brotfladen mit verschiedenen Käsesorten, Oliven und Kräutern werden direkt am Eingang dieser netten Kneipe zubereitet. Man bekommt beim Zuschauen Hunger.
Alkabetz St., gegenüber der Touristinformation • tgl. 9–16 (Winter), im Sommer auch abends, Fr 9–14 Uhr • €€

SERVICE
AUSKUNFT
Kappell Tzfat Visitor's Center
17 Alkabetz St. • Tel. 04/6 92 44 27 • So–Do 8.30–16 Uhr

Die Kirche auf dem Berg der Seligpreisungen (▶ S. 74) bei Tabgha am See Genezareth wurde 1937 erbaut und bietet auch einen schönen Ausblick über den See.

See Genezareth ★
▶ S. 149, E 2

Die Geräusche der Wellen am Strand und seine Form sollen dem See seinen hebräischen Namen gegeben haben: »Kinneret«, von »Kinnor«, das heißt Harfe.

Rund eine Million Menschen besuchen jedes Jahr den größten und tiefstgelegenen Süßwassersee Israels, der vor allem vom Jordan gespeist wird. Der See Genezareth hat einen Umfang von etwa 55 km, er ist 21 km lang und 13 km breit und ist das wichtigste Trinkwasserreservoir. See und Umgebung haben viel zu bieten: weltberühmte historische und biblische Stätten wie Kapernaum oder Tabgha.

Es gibt Dutzende Strände, Bootsfahrten und Wanderwege. Und: Der St. Petersfisch wird hier in allen Restaurants serviert.

Arbel National Park ▶ S. 149, E 2

Vom Parkplatz am westlichen Seeufer läuft man in 15 Minuten zum Kliff mit dem großartigen Blick auf

den See Genezareth und den Golan. Längere Wege führen zu einem Höhlenkomplex, der im 17. Jh. als militärische Festung diente.
Tel. 04/6 73 29 04 • www.parks. org.il • tgl. 8–16/17 Uhr (Winter/Sommer) • Eintritt 21 NIS

Berg der Seligpreisungen
▶ S. 149, E 2

Am nördlichen Seeufer in der Nähe von Tabgha hat Jesus der Überlieferung nach die Bergpredigt gehalten. In den 30er-Jahren wurde hier eine Kirche aus schwarzem Basalt erbaut. Der achteckige Grundriss repräsentiert die acht Seligpreisungen.
Tgl. 8.30–12, 14.30–16/17 Uhr (Winter/Sommer)

Bet She'an National Park [5]
▶ S. 149, E 3

Israels bedeutendste Ausgrabungsstätte, 25 km südlich des Sees gelegen, verspricht eine spannende Zeitreise für die Besucher. Pharao Thutmosis III machte im 15. Jh. v. Chr. aus dem Ort eine Festung. Um 1004 v. Chr. hängten die Philister die Leichen von König Saul und dessen Sohn an der Stadtmauer auf, nachdem sie die Israeliten am nahe gelegenen Berg Gilboa geschlagen hatten. In der hellenistischen Periode (4. Jh. v. Chr.) hieß die Stadt Skythopolis. Unter römischer Besetzung war Bet She'an Mitglied im Zehn-Städte-Bund (Dekapolis). In der byzantinischen Zeit lebten hier zwischen 30 000 und 40 000 Menschen. Ein Erdbeben zerstörte die Stadt im 8. Jh. Das **römische Theater** aus dem 1. Jh. bot seinerzeit 7000 Menschen Platz. Der untere Rang stammt noch aus der Bauzeit. Es ist das am besten erhaltene Theater aus der Römerzeit in Israel. Im **westlichen Badehaus** mit acht Räumen sind noch die Reste der Fußbodenheizungen zu erkennen. Und die 150 m lange **Palladiusstraße** mit den gewaltigen Säulen führt zum Aufstieg auf den 40 m hohen Hügel, den Tel el-Husn (»Hügel der Stärke«). Hier entdeckten Archäologen bislang 20 Siedlungsschichten.
Tel. 04/6 58 71 89 • www.parks. org.il • So–Do, Sa 8–16/17 (Winter/Sommer), Fr 8–16 Uhr • Eintritt 38 NIS
Die Ausgrabungsstätte wird an vier Abenden in der Woche durch Lichtinstallationen bei den **She'an Nights** wieder lebendig.
Tel. 01/2 22 36 39 • Mo, Mi, Do, Sa jede halbe Stunde nach Sonnenuntergang bis 21.30 Uhr • Eintritt 40 NIS

Gan HaShlosha National Park
▶ S. 149, E 3

Ein paradiesisches Fleckchen 30 km südlich des Sees, außer vielleicht am Wochenende, wenn alle da sind! Man schwimmt in drei großen Pools, in denen die Temperatur des Quellwassers ganzjährig 28 °C beträgt. Daher der hebräische Name »Garten der Drei« (arabisch »Sachne«: »warm«).
Straße 669, bei Bet She'an • Tel. 04/6 58 62 19 • So–Do, Sa 8–16/17, Fr 8–15/16 Uhr (Winter/Sommer) • Eintritt 38 NIS

ESSEN UND TRINKEN

Muza

An der Quelle • Zum Park Gan HaShlosha gehört auch das Restaurant, zu dem eine Straße hinter den Liegewiesen entlang führt. Man isst mit Blick auf einen der Pools.
Tel. 04/6 06 06 97 • So–Do 12–23, Fr 9–16, Sa 11–16 Uhr • €€€–€€

Im Nationalpark Bet She'an (▶ S. 74) sind die Überreste der durch ein Erdbeben zerstörten römisch-byzantinischen Stadt, hier die Säulen an der Palladiusstraße, zu sehen.

Hamat Gader 🧖 ▶ S. 149, F 2

Am südlichen Ende des Golans, 21 km südöstlich von Tiberias, bieten heiße Quellen und ein kühles Schwimmbad mit Wasserrutsche eine herrliche Abwechslung zwischen den Besuchen historischer Stätten. Das mineralhaltige, 42 °C heiße Wasser war schon vor Tausenden Jahren Heilmittel, u. a. gegen Rheuma. In der Anlage sind auch Ruinen aus der Römerzeit. Highlights für Kinder dürften jedoch eher der Alligatoren-Park, der Streichelzoo und die Papageien-Shows sein. Es gibt auch mehrere Restaurants.
Tel. 04/6 65 99 99 • www.hamat-gader.com

ÜBERNACHTEN

Hamat Gader Spa Village

Purer Luxus • Angeschlossen an die große Hamat-Gader-Anlage liegt das Luxushotel Spa Village. Hier hat jede Suite einen Jacuzzi mit heißem Quellwasser, im überdachten Thermalbad kann man sich treiben lassen. Kinder müssen mindestens 16 Jahre alt sein. Zwei Restaurants, Spa-Behandlungen, kostenlose Minibar und WLAN.
Tel. 04/6 65 55 55 • www.spavillage.co.il • 29 Suiten • €€€€

Hayarden Park Naturreservat/Jordan River Park ▶ S. 149, E 2

Zum Park mit seinen kürzeren und längeren Wanderwegen nördlich des Sees gehört die Ausgrabungsstätte **Betsaida**, jener Ort, aus dem drei der Apostel stammen sollen – und wo Jesus demnach das Wunder der Fisch- und Brotvermehrung vollbrachte. Etwa einen halben Kilometer entfernt wird es sportlich: Bei **Abu Kayak** (▶ S. 31) können Kajaks, große Schlauchboote und Gummireifen (ab Mai)

für einen Trip auf dem Jordan gemietet werden.
An der Straße 888 • Tel. 04/6 92 34 22 • So–Do 8–17, Fr/Sa 8–18 Uhr • Eintritt 55 NIS pro Auto

Hula-Tal ▶ S. 149, E 1

30 km nördlich des Sees liegt ein einzigartiges Naturschutzgebiet: Zwei Mal im Jahr ziehen rund 500 000 Zugvögel durch die Region und pausieren hier. Im Vogelreservat **Agamon HaHula** überwintern bis zu 40 000 Kraniche aus Europa und machen einen ohrenbetäubenden Lärm. Zu den heimischen Vogelarten gehören Eisvögel und Adler. Durch den Park mit See führt ein 8,5 km langer Rundweg. Fahrräder (55 NIS) und Golfcarts (145 NIS für zwei Personen) werden vermietet. Von der Straße 90 Rosh Pina – Kiryat Shmona rechts abbiegen.
Tel. 04/6 81 71 37 • So–Do 9–18, Fr/Sa ab 6.30 Uhr • Eintritt 3 NIS

Das **Hula-Naturreservat** (4 km südlich des Agaman HaHula), 1964 gegründet, ist das älteste in Israel. Auch hier flattern Hunderte Vogelarten, und man kann Wasserbüffel sehen. Der Rundweg ist 1,5 km lang.
Tel. 04/6 93 70 69 • So–Do, Sa 8–17, Fr 8–15 Uhr • Eintritt 33 NIS

ÜBERNACHTEN

Nofey Gonen Holiday Village
Für Naturfreunde • Ein idealer Ausgangspunkt für frühmorgendliche Touren ins nur Minuten entfernte Hula-Tal mit schönen Zimmern und großen Blockhütten. Zwischen Mai und Winter ist das Schwimmbad geöffnet.
Kibbutz Gonen • Tel. 04/6 95 52 47 • www.nofgo.co.il • €€€

Hurshattal National Park
▶ S. 149, E 1
In der Nähe von Kiryat Shmona hat dieser Park mit Teichen und Wasser-

Kibbuz Degania Alef (▶ S. 77) wurde 1910 von Einwanderern aus Weißrussland gegründet und war der erste Kibbuz. Hier wurde der Politiker Mosche Dajan geboren.

rutschen auch einen der beliebtesten Campingplätze im Land. Das Wasser stammt aus dem Fluss Dan und ist deshalb durchaus frisch.
An der Straße 99 • Tel. 04/6 94 24 40 • So–Do, Sa 8–16/17 (Winter/Sommer) • Eintritt 38 NIS

ESSEN UND TRINKEN
Dag al HaDan

Ein Forellen-Erlebnis • Unter Weiden und Feigenbäumen sitzt man direkt am Wasser, daher der Name »Fisch aus dem Dan«. Die Spezialität des Hauses, Forellen, kommt aus den Fischteichen hinter der großen Anlage. Auf der Straße 99 bei HaGoshrim abbiegen und der Beschilderung folgen.
Tel. 04/6 95 02 25 • www.dagaldan.co.il • So–Do 12–23, Fr/Sa 8.30–23 Uhr • €€€–€€

Kapernaum ▸ S. 149, E 2

Die Ruinen von Kapernaum am nördlichen Ufer des Sees Genezareth lassen nicht erahnen, dass zu Jesu Zeiten in dem Fischerort und der römischen Grenzgarnison vermutlich bis zu 1500 Menschen gelebt haben. Zum Vergleich: In Nazareth waren es nur um die 400. In Kapernaum predigte und lehrte Jesus mehr als irgendwo sonst, hier rekrutierte er seine ersten Jünger. Am Ortseingang steht eine Statue von Petrus, der den »Schlüssel zum Königreich« hält.

Die wunderschöne **Weiße Synagoge** ist nicht das Gebäude, in dem Jesus seine Rede vom Brot des Lebens hielt. Experten sind sich einig, dass sie mindestens 100 Jahre nach der Kreuzigung entstand.

Heiligster Ort hier ist das **Haus des Petrus**, über dem heute eine Kirche »schwebt«, die ein wenig wie ein misslungenes UFO aussieht.
Mo–Sa 8–16.40 Uhr • Eintritt 3 NIS

ÜBERNACHTEN
Vered Hagalil Guest Farm ẙẙ

Nicht nur für Reiter • Die große Pferdefarm nur zehn Minuten nördlich von Kapernaum in den Hügeln lässt Reiterherzen höher schlagen, begeistert aber auch Urlauber, die lieber auf zwei Beinen bleiben. Die Unterkünfte, meist Häuschen aus Pinienholz und Basaltstein, sind urgemütlich. Das rustikale Restaurant (€€€) ist vor allem für Fleischfreunde empfehlenswert.
M. P. Drom Hagolan • Tel. 04/6 93 57 85 • www.veredhagalil.co.il • 31 Zimmer • €€€–€€

Kibbuz Degania Alef
▸ S. 149, E 2

Zehn Männer und zwei Frauen haben 1910 am südlichen Ufer des Sees den weltweit ersten Kibbuz gegründet. Heute leben in Degania Alef rund 700 Menschen. An der Einfahrt steht ein syrischer Panzer, der im Unabhängigkeitskrieg 1948 von Kibbuz-Bewohnern gestoppt wurde. Ein kleines Museum im ersten Speisesaal erzählt die Geschichte des Dorfes. Das Café Rishonim lädt ein zu einem Mittagessen oder Dinner auf der Terrasse im Hof des Kibbuz. Es gibt Quiches, Pasta, Salate und Fisch (Tel. 04/6 60 82 73, So–Fr 9–23 Uhr, €€€–€€).
Tel. 0 52/3 74 91 70 • www.degania.org.il • So–Fr 8–12 Uhr • Eintritt 10 NIS

Kibbuz Ginosar ẙẙ ▸ S. 149, E 2

Im Winter 1986 entdeckten zwei Brüder am Ufer des Sees Reste eines

9 m langen Bootes, das aus dem Schlamm ragte. Wenig später war die Sensation perfekt: Tests ergaben, dass das Holzboot aus dem 1. Jh. stammt, daher der Name »Jesusboot«. Es wurde 14 Jahre äußerst aufwendig restauriert und steht heute im **Yigal Alon Museum**.

Straße 90, 10 km nördl. von Tiberias • Tel. 04/6 72 77 00 • www.jesusboatmuseum.com • So–Do, Sa 8–17, Fr 8–16 Uhr • Eintritt 20 NIS

Metulla ▶ S. 149, E 1
1500 Einwohner

Der nördlichste Ort des Landes an der Grenze zum Libanon wurde durch den »Good Fence«, den »guten Zaun«, bekannt, durch den bis zum Jahr 2000 Libanesen zur Arbeit oder medizinischen Behandlung nach Israel einreisen durften. Baron Edmond de Rothschild hatte 1896 Metulla gegründet. Israelis suchen hier im Sommer nach etwas Abkühlung in den Abendstunden.

SEHENSWERTES
Dado Lookout

Im Westen der Stadt führt die Straße zu dem Aussichtspunkt, von dem aus man weit in den Libanon, zum syrischen Mount Hermon, dem Golan und dem Hula-Tal schauen kann. Ein Audiosystem (hebräisch, englisch) erklärt die Umgebung.

Ma àle Hatsfiya

Iyon Stream Naturreservat

Ein herrliches Wandergebiet mit vier Wasserfällen an der Grenze zum Libanon. Der größte Wasserfall Tanur ist 30 m hoch und vor allem im Winter einen Besuch wert. Es gibt einen 30-minütigen Rundweg und eine 90-Minuten-Tour.

Tel. 04/6 95 15 19 • www.parks.org.il • tgl. 8–16/17 Uhr (Winter/Sommer) • Eintritt 27 NIS

ÜBERNACHTEN
Beit Shalom

Nur für Erwachsene • Hier stehen Ruhe, Rückzug und Erholung im Vordergrund. Die kleinen Suiten mit Blick auf den Garten sind nur für Paare da, nicht für Kinder. Im Garten-Jacuzzi trifft man sich auf ein Gläschen Wein.

28 Ha'rishonim • Tel. 04/6 94 07 67 • www.beitshalom.co.il • 13 Zimmer • €€€–€€

ESSEN UND TRINKEN
Beit Shalom Restaurant

Wohlige Atmosphäre • Freitags gibt es Piano-Begleitung, die Kunstwerke an der Wand stammen alle von der Besitzerin. Essen im Beit Shalom ist ein Erlebnis für alle Sinne. Die Pasta ist hausgemacht, zu empfehlen ist auch das große Frühstück (bis 11 Uhr).

Hotel Beit Shalom • 28 Ha'rishonim • Tel. 04/6 94 07 67 • www.beitshalom.co.il • tgl. 9–22 Uhr • €€€

HaTachanah

Im Steak-Himmel • Hier kommt nur das Fleisch von der eigenen Farm auf den Tisch. Viele Gäste schwärmen vom besten Steak-Restaurant im Norden.

1 Ha'rishonim • Tel. 04/6 94 48 10 • tgl. mittags und abends • €€€

Rosh Pina ▶ S. 149, E 2
2500 Einwohner

Ein nettes, rustikales Örtchen ca. 12 km nordwestlich des Sees, gut geeignet für Tagesausflüge und mit einem herrlichen Blick über das

Nach einer komplizierten Wiederherstellung befindet sich das »Jesusboot« aus dem See Genezareth nun im Yigal Alon Museum beim Kibbuz Ginosar (▶ S. 77).

Hula-Tal, die Golanhöhen und auf den Mount Hermon.

ÜBERNACHTEN
Pina Ba'Rosh ❦

Rustikal mit Blick • Wo Ende des 19. Jh. noch die Tiere für die Landwirtschaft gehalten wurden, gibt es heute liebevoll eingerichtete Gästezimmer mit gewölbten Decken.
8 Hachalutzim St. • Tel. 04/6 93 70 28 • 7 Zimmer • €€€–€€

ESSEN UND TRINKEN
Shiri Bistro/Wine Bar

Gute Weine • Direkt neben dem Hotel Pina Ba'Rosh wird hier französische Küche serviert. Eltern sind glücklich, weil das Babyphone vom Hotelzimmer bis zur Weinbar reicht! Die Terrasse ist ein romantisches Highlight – schon zum Frühstück.
8 Hachalutzim St. • Tel. 04/6 93 70 28 • tgl. 8.30–1 Uhr • €€€

Tabgha ▶ S. 149, E 2

Die Mosaiken in der **Brotvermehrungskirche** gehören zu den schönsten im Heiligen Land. Sie stammen aus dem 5. Jh. und gehörten zu einer byzantinischen Kirche, die im 7. Jh. zerstört wurde.

Pilger kommen heute vor allem wegen des **Brot-und-Fisch-Mosaiks**, das an die Speisung der Fünftausend erinnert. Vor dem Bild befindet sich ein 1 m langer und 57 cm breiter Kalkstein. Hier soll Jesus die Brote hingelegt haben. Das Wunder von der Brot- und Fischvermehrung soll am Ostufer des Sees stattgefunden haben. Die Pilgerstätte wurde jedoch ungefähr im 3. oder 4. Jh. ans Westufer verlegt, das damals sicherer war für Reisende.

Der Name des Ortes Tabgha am nördlichen Seeufer leitet sich vom griechischen »Heptapegon« ab, was »sieben Quellen« bedeutet.

Knapp 100 m entfernt steht direkt am Seeufer die **Primatskapelle**, die auch Mensa Petri oder Peterskirche genannt wird. An dieser Stelle hat Jesus laut Bibel nach der Auferstehung mit den Jüngern gespeist und Petrus zum Oberhaupt der Gläubigen ernannt. Eine Felsplatte in der Kirche soll als »Tisch des Herrn« gedient haben.
Tel. 04/6 70 01 80 • Mo–Fr 8–17, Sa 8–16 Uhr

WUSSTEN SIE, DASS …

… der Schriftsteller Karl May im Jahr 1900 während seiner Orientreise einige Zeit im Pilgerhaus Tabgha verbrachte und dem Verein ein paar handsignierte Bücher überließ? Die Werke sind jedoch verschollen.

ÜBERNACHTEN
Pilgerhaus Tabgha

Ruhe am See • Schon 1889 konnten sich Pilger direkt am See erholen. Heute gibt es moderne Zimmer, Gemeinschaftsräume und ein nettes Restaurant.
Tel. 04/6 70 01 00 • www.heilig-land-verein.de • 70 Zimmer • €€€

Yardenit-Taufstelle ▸ S. 149, E 2

Wo der Jordan im Süden den See Genezareth verlässt, lassen sich Gläubige aus der ganzen Welt in ihren weißen Gewändern taufen. Es gibt extra Wege mit Geländer ins Wasser. Die Stelle, an der Jesus der Überlieferung nach getauft wurde, ist jedoch nicht hier, sondern bei Jericho.
Tel. 04/6 75 91 11 • www.yardenit.com • So–Do, Sa 8–17/18 (Winter/Sommer), Fr 8–16 Uhr

Ein Gev ▸ S. 149, E 2
350 Einwohner

Der Kibbuz Ein Gev wurde 1937 gegründet und liegt am Ostufer des Sees Genezareth südlich der Golanhöhen. Vor der Eroberung des Golans durch Israel wurde der Kibbuz häufig von dort liegenden syrischen Truppen beschossen. Die Einwohner leben hauptsächlich von der Landwirtschaft sowie vom Fischfang. Auch der Tourismus spielt eine zunehmende Rolle.

ÜBERNACHTEN
Ein Gev Holiday Resort

Eigener Strand • Der Kibbuz am Ostufer des Sees ist eines der größten Ferienresorts in der Region und empfängt auch zahlreiche Gruppen.
Tel. 04/6 65 98 00 • www.eingev.com • 184 Zimmer • €€€–€€

ESSEN UND TRINKEN
Kibbuz Ein Gev

Fischberühmtheit • Seit 60 Jahren werden im Kibbuz St. Petersfische gebraten, und wegen dieser Fische kommen die Gäste in das Restaurant mit 650 Plätzen! Nach einem Platz auf der Terrasse fragen!
Tel. 04/6 65 98 00 • tgl. 10–22 Uhr • €€€

Golan ▸ S. 149, F 1–2

Der höchste Berg Israels, das einzige Skigebiet des Landes, fruchtbarer Boden, Wanderwege und hervorragende Weine: Die 60 km langen und 25 km breiten Golanhöhen sind ein Idyll. Aber eines mit großer politischer Brisanz – das Hochplateau wurde 1967 von Israel im Sechstagekrieg erobert, 1981 annektiert und ist heute einer der Zankäpfel im Nahost-Konflikt. Die Annexion ist international nie anerkannt worden. Im Mai 2011 eskalierte die Lage nach Jahren der angespannten Ruhe. Israelische Soldaten erschossen mehrere Palästinenser aus Syrien, die bei Majdal Shams über die Grenze nach Israel drängten. Auch an der libanesischen Grenze gab es Tote. Hintergrund waren Protestkundgebungen am Tag der Nakba, dem »Tag der Katastrophe«, wie die Palästinenser den Tag nach der israelischen Staatsgründung nennen.

Ohne eine Rückgabe des Golans ist ein Frieden mit Syrien nicht möglich. Derzeit leben in dem Gebiet etwa 18 000 Israelis und außerdem 15 000 Drusen, die mehrheitlich die israelische Staatsbürgerschaft ablehnen und ihre Kinder, wenn möglich, zum Studieren weiterhin nach Damaskus schicken.

Die Region ist sozusagen einer der großen Obstgärten und eines der wasserreichsten Gebiete des Landes. Ein Friedensabkommen müsste also auch die Frage der israelischen Besiedlung und Wasserrechte klären. Syrische Bunker und die Wracks militärischer Fahrzeuge erinnern bis heute an die Kriege. Ebenso die Minen-Warnschilder!

Aniam Artists Village

▶ S. 149, F 2

In dem Kibbuz haben sich entlang einer Straße 14 interessante Kunstläden angesiedelt. Keramik aller Art, Schmuck, Geschenke, Holzarbeiten, Judaika, außerdem gibt es ein Schokoladenhaus. Ein schöner Bummel! Für Fleischliebhaber gibt es am Ende der Künstler-Straße, an einem kleinen Platz gelegen, das Restaurant Suzanna. Die Dame des Hauses bietet Fleisch- und Fischgerichte sowie Salate an (Tel. 04/6 99 99 85, So–Do 12–22.30, Fr 12–15 Uhr €€€).

Die Golanhöhen (▶ S. 80) wurden ursprünglich von Arabern und der Religionsgemeinschaft der Drusen besiedelt. Seit 1981 ist das Gebiet von Israel annektiert.

Am Mount Hermon (▶ S. 83) liegt Israels einziges Skigebiet mit Skiliften und einer Bobbahn. Der Berg ist mit 2814 m die höchste Erhebung des Golans.

Banias Naturreservat 🎿👣

▶ S. 149, F 1

Es gibt zwei Einfahrten zu den Attraktionen oder einen Wanderweg, der sie verbindet. Wichtig sind die Pan-Grotte, ein Heiligtum für den Hirtengott Pan mit den Nischen für Götterstatuen, sowie die Ruinen eines Herodes-Tempels. Herodes' Sohn Philippus hatte hier die Hauptstadt seines Reiches angesiedelt, Caesarea Philippi. Laut Bibel sprach hier Jesus zu seinem Jünger die berühmten Worte: »Du bist Petrus, und auf diesem Felsen werde ich meine Kirche bauen.« (»Petrus«: griechisch für Fels). Und: Hier entspringt der Banias (hebr.: »Hermon«), einer der drei Quellflüsse des Jordans. Der Banias-Wasserfall ist über die zweite Einfahrt zu erreichen. Schwimmen ist verboten. Banias-Quelle 3 km östl. vom Kibbuz Snir an der Straße 99, Banias-Wasserfall 2 km östl. vom Kibbuz auf der anderen Straßenseite • Tel. 04/6 95 02 72 • www.parks.org.il • tgl. 8–16/17 Uhr (Winter/Sommer) • Eintritt 27 NIS (Kombi-Ticket mit Nimrod Fortress 38 NIS)

Gamla Naturreservat

▶ S. 149, F 2

Wenn man Glück hat, fliegt ein Gänsegeier am Aussichtspunkt vorbei. Im Gamla Park haben die Vögel die größte Kolonie im Land. Außerdem ist hier der höchste Wasserfall (51 m). Ein steiler Weg führt zu den Ruinen des historischen Gamla. Zufahrt von der Straße 869 • Tel. 04/6 82 22 82 • tgl. 8–16/17 Uhr (Winter/Sommer) • Eintritt 27 NIS

Majdal Shams ▶ S. 149, F 1
9000 Einwohner

Der größte Drusenort auf dem Golan an der syrischen Grenz ist nicht gerade eine Schönheit, aber eben nah am Skigebiet und umgeben von herrlicher Natur. Er ist vor allem bekannt wegen des »Shouting Hill«, wo sich Drusen auf der israelischen und auf der syrischen Seite zum Beispiel am Muttertag mit Megaphonen Grüße zurufen. In Zeiten von Internet und Facebook hat der Shouting Hill jedoch an Bedeutung verloren.

ÜBERNACHTEN
Legacy Village

Drusische Spezialitäten • Eine günstige Alternative mit leckerem drusischen Frühstück, den in Öl eingelegten Frischkäsebällchen zum Beispiel. Die Zimmer sind nüchtern modern ausgestattet. Besitzer Samir Saleh organisiert für Gruppen auch Abendessen in der Natur.
Main St. • Tel. 04/6 87 01 73 • www.legacyvillage.co.il • 10 Zimmer • €€–€

Mount Bental ▶ S. 149, F 1

Der syrische Bunker auf dem 1165 m hohen Berg dient heute als Touristenattraktion an der Grenze zu Syrien. Von hier aus sind es nur 60 km nach Damaskus, wie eines der Verkehrsschilder anzeigt. Zu sehen ist u. a. der von Israel 1967 besetzte und schließlich zerstörte Ort Kuneitra, der heute in einer UN-kontrollierten Zone liegt.

ESSEN UND TRINKEN
Coffee Annan

Zu Zeiten von UN-Generalsekretär Kofi Annan war der hebräische Name des »Cafés in den Wolken« auf dem Mt. Bental Anlass für viele Witzchen. Serviert werden Sandwiches, Pizza und Salate.
Tel. 04/6 82 06 64 • tgl. 9–18 Uhr • €€

> **WUSSTEN SIE, DASS …**
>
> … der israelische Spion Eli Cohen der syrischen Armee vorschlug, Eukalyptusbäume zur Tarnung ihrer Bunkeranlagen zu pflanzen? Dadurch wusste die israelische Armee 1967 genau, wo sich die Bunker befanden.

Mount Hermon ▶ S. 149, F 1

Zwischen 1600 und 2040 m Höhe werden hier in den Wintermonaten (Januar bis März) schon mal die Skier angeschnallt, im einzigen Skigebiet Israels. Es gibt elf Lifte und passable Pisten für einen Tagesspaß. Ein Sessellift für Wanderer ist das ganze Jahr über geöffnet. Der höchste Punkt des Mount Hermon (2814 m) bleibt unter syrischer Kontrolle. Spaß macht auch die 950 m lange Bobbahn.
Tel. 04/6 98 13 33 • www.skihermon.co.il • Tages-Skipass 245, Halbtages-Pass 200 NIS, Bobbahn 25 NIS, Kinder 20 NIS

Neve Ativ ▶ S. 149, F 1

180 Einwohner

Ein großer künstlicher Schneemann steht zur Begrüßung am Eingang des Moshavs bereit. Der kleine Ort mit 36 Familien auf 1000 m Höhe versteht sich in erster Linie als Skiort, er liegt 13 km vom Skigebiet entfernt. Aber er dient natürlich auch als guter Ausgangspunkt für Touren und Wanderungen.

ÜBERNACHTEN
Inbar Bahar Guest House

Einfach gemütlich • Ein bisschen Alpengefühl vermittelt die nette Pension tatsächlich. Im Sommer

kann man es sich auch im Garten gemütlich machen.
Tel. 04/6 98 17 60 • 7 Zimmer • €€

Rimonim Hermon Holiday Village ⚐⚐
Hanglage • Ein Feriendorf mit überdachtem Schwimmbad und Sauna. Einige der Häuschen sind zweigeschossig und bieten größeren Familien Platz. Kabelfernsehen, Klimaanlage und Kaffee- und Teezubereitungsmöglichkeit in den Hütten.
Tel. 04/6 98 58 88 • www.rimonim.com • 44 Zimmer • €€–€

ESSEN UND TRINKEN
The Witch and the Milkman
Im Auflauf-Himmel • Dutzende kleine Hexenpuppen hängen von der Decke und schauen zu, wenn die dampfenden Kasserollen den Hungrigen serviert werden.
4 km südöstl. von Neve Ativ im Moshav Nimrod • Tel. 04/6 87 00 49 • www.witch.co.il • tgl. 10–23 Uhr (letzte Reservierung 21 Uhr) • €€€

SEHENSWERTES
Nimrod Fortress National Park ⚐⚐
Experten gehen heute davon aus, dass das größte Fort im Land zu Beginn des 13. Jh. von einem Neffen Saladins gebaut wurde, um die Straße nach Damaskus zu verteidigen. Nach dem Rückzug der Kreuzfahrer verlor die Festung ihre strategische Bedeutung. Im 18. Jh. wurde sie durch ein Erdbeben zerstört. Vom Plateau hat man einen grandiosen Blick über das Hula-Tal.
4 km südöstl. von Neve Ativ im Moshav Nimrod • Tel. 04/6 94 92 77 • tgl. 8–16/17 (Winter/Sommer) • Eintritt 21 NIS (Kombi-Ticket mit Banias Park 38 NIS)

Peace Vista ▶ S. 149, E 2
Vor dem Kibbuz Kfar Haruv geht es, von Süden auf der Straße 98 kommend, links weg zu dem bemerkenswerten Aussichtspunkt. Hier standen einst syrische Scharfschützen und hatten den Kibbuz Ein Gev am Ostufer des Sees im Visier.

ÜBERNACHTEN
Peace Vista Country Lodge
Sonnenuntergang überm See • Die Lodge gehört zum Kibbuz Kfar Haruv gleich neben dem Aussichtspunkt. Die Blockhütten im Grünen sind sehr einladend. In die Suiten mit Seeblick-Jacuzzis dürfen nur Paare einchecken.
Kibbuz Kfar Haruv • Tel. 04/6 76 17 67 • www.mitzpe-hashalom.co.il • €€€–€€

ESSEN UND TRINKEN
Habikta
Deftige Küche • Das rustikale Restaurant am Aussichtspunkt bietet kräftige Küche wie Lamm-Stew. Freitags Buffet.
Tel. 04/6 76 16 37 • So–Fr 17–23 Uhr • €€€

EINKAUFEN
Boutique-Weinkellerei Château Golan
Acht Kilometer auf der Straße 98 Richtung Norden entfernt liegt diese Kellerei. Wichtige Kunden landen hier schon mal mit dem Helikopter. Aber auch Urlauber sind nach Voranmeldung willkommen zu einer Tour und Verköstigung (bis zehn Personen kostenlos).
Moshav Eliad, Straße 98, 8 km nördl. von Peace Vista • Tel. 04/6 60 00 26 • www.chateaugolan.com • tgl. 8.30–16 Uhr

Über dem Olivenhain erhebt sich im Hintergrund die Nimrod-Festung (▸ S. 84) im nördlichen Teil der Golanhöhen. Sie liegt in einem der 42 Nationalparks Israels.

Qatzrin (Katzrin) ▸ S. 149, E/F 1

7500 Einwohner

Die »Hauptstadt des Golans« bzw. die Verwaltungshauptstadt der Region wurde 1977 gegründet und soll in der Zukunft Heimat für 25 000 Menschen sein. Die am Reißbrett geplante Kleinstadt selbst ist keine Attraktion, sie dient als Versorgungszentrum für die Region und die Armee. Die Sehenswürdigkeiten vor allem im Industriegebiet sind interessant, aber man kann sie innerhalb von ein paar Stunden besuchen.

SEHENSWERTES

Golan Heights Winery

Israels prominenter Weinkritiker Daniel Rogov sagt, dieser Kellerei sei es zu verdanken, dass sich Israel in der internationalen Weinwelt einen Namen machen konnte. Die Golan Heights Winery produziert mit viel Know-how mehr als sechs Millionen Flaschen jährlich und gewinnt internationale Preise. Es gibt einstündige Touren nach Voranmeldung, Verköstigung und Verkauf (Flasche ab 40 NIS).

Im Ramot Resort Hotel (▶ S. 87) kann in bequemen Holzhütten oder Chalets in einer gepflegten Gartenanlage übernachten, wer nicht im Hotel wohnen möchte.

Industriegebiet, 2 km vom Stadtzentrum • Tel. 04/6 96 84 35 • www.golanwines.co.il • So–Do 8.30–17, Fr 8.30–13.30 Uhr • Tour 20 NIS

Golan Olive Oil Mill

Hier verfolgt man den Weg von der Olive zum Öl und besichtigt eine große Ölpresse. Im Verkaufsraum gibt es Öl und Kosmetika. Erfrischungen gibt es im Café Olea.
Industriegebiet, 2 km vom Stadtzentrum • Capernaum Vista Farms • Tel. 04/6 85 00 23 • www.golanoliveoil.com • So–Do 9–17, Fr 9–15 Uhr

Magic Golan

Auf einer 180-Grad-Leinwand wird den Besuchern der Golan im 3-D-Tiefflug erklärt. Außerdem gibt es dort ein großes Modell der Golanhöhen mit Erläuterungen. Die Ausstellung der Golan Tourist Association befindet sich direkt neben der Golan Heights Winery und der Mineralwasserabfüllanlage.
Industriegebiet • Tel. 04/6 96 36 25 • So–Do 9–18, Fr 9–15 Uhr • Eintritt 25 NIS

Yehudia Naturreservat

Südlich von Qatzrin ein Naturschutzgebiet mit leichten bis sehr schwierigen Wanderwegen über Leitern und durch Teiche. Die Pfade führen an den Ruinen verlassener syrischer Dörfer vorbei. Bekannt ist der Park wegen des Hexagon-Pools, in dem man schwimmen kann.
Tel. 04/6 96 28 17 • www.parks.org.il • tgl. 8–16/17 (Winter/Sommer) • Eintritt 21 NIS

MUSEEN

Golan Archaeological Museum und Ancient Qatzrin Park

Im Museum sind Funde zur Besiedlungsgeschichte ausgestellt. Der

Park zeigt ein ausgegrabenes jüdisches Dorf.
– Museum: im neuen Qatzrin hinter dem Einkaufszentrum • Tel. 04/6 96 13 50 • So–Do 9–17, Fr bis 14 Uhr • Eintritt 17 NIS (Kombi-Ticket mit Park 26 NIS)
– Park: links neben dem Einkaufszentrum • Tel. 04/6 96 24 12 • So–Do 8–17, Fr 8–15, Sa 10–16 Uhr • Eintritt 24 NIS

SERVICE
AUSKUNFT
Golan Tourist Information Center
Im Industriegebiet im Einkaufszentrum Hatzot HaGolan • Tel. 04/6 96 28 85 • So–Fr 9–15.45 Uhr • www.golan.org.il

Ramot ▶ S. 149, E 2
300 Einwohner

Der Moshav mit 120 Familien und rund 250 Gästezimmern, Restaurants sowie einer Ranch für Reiturlauber hat sich einen Namen als beliebtes Ferienziel und Ausgangspunkt für Tagestouren gemacht. Die Bewohner organisieren alles, von der Jeeptour bis hin zu Ausritten und Wanderungen. Die herrlichen Unterkünfte laden zur Erholung ein. Hier kann man problemlos ein paar Tage verbringen.

ÜBERNACHTEN
Bikta Belavan

Elegante Hütte • Die »weißen Hütten« sind eher weiße Schatztruhen: entzückende Häuschen mit schicker Einrichtung, die durch einen großen Garten verbunden sind. Mit Schwimmbad.
Tel. 04/6 73 26 08 • www.bikta belavan.com • 8 Zimmer • €€€€–€€€

Ramot Resort Hotel ♥♥

Mit großem Pool • Es gibt vier Zimmerkategorien, vom einfachen Hotelzimmer bis zur luxuriösen kleinen Ferienvilla unter Palmen mit eigener Sauna (im Winter durchaus angebracht). Die schöne Anlage mit Blick über den See bietet neben dem großen Pool auch ein Kinderbecken.
Tel. 04/6 73 26 36 • www.ramotnofesh.co.il • 126 Zimmer • €€€€–€€€

ESSEN UND TRINKEN
Betty and Nachi's Bistro

Gastronomisches Abenteuer • Nachi mit dem Rauschebart steht selbst in der Küche des kleinen Restaurants und zaubert. Es gibt ein Menü zum Festpreis, Gäste können jeweils zwischen mehreren Vor-, Haupt- und Nachspeisen wählen.
Tel. 04/6 73 28 89 • www.nachi.co.il ab 20 Uhr, Di, Sa geschl. • €€€€

Moshbutz

Beliebter Treff • Die Besitzer haben eine Kibbuz- und Moshav-Karriere hinter sich, daher der Name. Spezialitäten: Rind- und Lammgerichte.
Tel. 04/6 79 50 95 • www.moshbutz.rest-e.co.il • tgl. ab 18 Uhr • €€€–€€

SERVICE
AKTIVITÄTEN
Ramot Ranch

3 km oberhalb von Ramot haben sich Justine und Uri Peleg ein Pferdeparadies geschaffen. Das Ehepaar hat alles im Programm – vom einstündigen Ritt bis zu Reiterferien durchs ganze Land. Eine 12-Zimmer-Ökolodge ist geplant.
Tel. 0 57/7 36 47 50 • www.ramot ranch.com

Jerusalem und das Tote Meer

Schön, heilig, umstritten: Ein Streifzug durch Jerusalem ist ein faszinierendes Erlebnis. Und nur eine halbe Stunde entfernt wartet in der Wüste ein salziges Highlight.

◄ Die goldfarbene leuchtende Kuppel des Felsendoms (▶ S. 90) ist das Wahrzeichen Jerusalems.

Jerusalem ▶ S. 151, D 5

760 000 Einwohner
Stadtplan ▶ Klappe hinten

Jeder kennt Bilder der goldenen Kuppel des Felsendoms, der betenden Juden an der Klagemauer. Es gibt unzählige Fotos von christlichen Pilgern, die ihre Holzkreuze entlang der Via Dolorosa tragen. Und da sind die vielen Aufnahmen von israelischen Sicherheitskräften und protestierenden Palästinensern, die im besetzten Ost-Jerusalem aneinandergeraten. Das alles ist Jerusalem: 4000 Jahre Geschichte, Dutzende Eroberungen, Zerstörungen, Wiederaufbau, wechselnde Glaubensrichtungen und der bis heute nicht gelöste Konflikt.

Die Heiligtümer von Juden, Muslimen und Christen sind nur Minuten Fußmarsch voneinander entfernt. Und wo so viel Mystik und Legenden sind, wird Archäologie wie selbstverständlich zur Durchsetzung eigener Interessen benutzt. Moslems und Juden werfen sich gegenseitig vor, bei Ausgrabungen Fundstücke aus der Kultur des jeweils anderen verschwinden zu lassen.

Von 1948 bis 1967 kontrollierte Jordanien Ost-Jerusalem mit der Altstadt. Während des Sechstagekrieges besetzte Israel den arabischen Ostteil und erweiterte die Stadtgrenzen. 1980 annektierte Israel schließlich das eroberte Gebiet und erklärte ganz Jerusalem zur ewigen und unteilbaren Hauptstadt. Die internationale Gemeinschaft hat dies nie anerkannt. Alle Botschaften arbeiten deshalb in Tel Aviv.

Jerusalem, das auf 800 m liegt, bleibt die »heiße Kartoffel« im Nahost-Konflikt. Die Palästinenser wollen im Ostteil die Hauptstadt eines eigenen unabhängigen Staates ausrufen. Die Geschichte Jerusalems ist noch lange nicht zu Ende geschrieben.

SEHENSWERTES
Altstadt 6
Stadtplan ▶ S. 91

Gerade mal 1 qkm misst die Altstadt mit der Mauer Süleimans des Prächtigen aus dem 16. Jh. 30 000 Einwohner drängen sich hier im Muslimischen, Jüdischen, Christlichen und Armenischen Viertel. Kirchenglocken läuten scheinbar um die Wette. Dazu mischen sich die Gebetsaufrufe des Muezzin. Orthodoxe Juden eilen vorbei an arabischen Falafelständen zum Gebet.

In der Altstadt stehen die **Grabeskirche**, der **Felsendom** und die **Al-Aqsa-Moschee** sowie die **Klagemauer**. In den verwinkelten Gassen im Basar verläuft sich irgendwann jeder. Am besten, man lässt sich treiben, vorbei an Gewürzständen, arabischem Kaffee, an Kitsch, Lederschuhen, Blechdöschen, an Teppichen, Antiquitäten oder Fälschungen.

Altstadt-Tore ▸ S. 91, a 2–b 4

Sieben der acht Tore in der bis zu 12 m hohen Altstadtmauer sind geöffnet, hier die Reihenfolge im Uhrzeigersinn: Das **Damaskustor** im Norden steht an der Stelle, wo die römische Prachtstraße Cardo Maximus einst in die Stadt führte. Nur etwa 250 m entfernt befindet sich das **Herodestor**. Durch das **Löwentor (Stephanstor)** drangen 1967 die israelischen Soldaten ein. Durch das wahrscheinlich im 7. Jh. von Moslems zugemauerte **Goldene Tor** wird nach jüdischem Glauben der Messias kommen. Das **Misttor (Dung Gate)** an der Südseite diente als Entsorgungsstelle für Müll. Durch das **Zionstor** gelangt man ins jüdische Viertel. Aus Anlass des Besuchs von Kaiser Wilhelm II. im Jahr 1898 wurde extra eine Bresche beim **Jaffator** geschlagen. Das jüngste Tor aus dem Jahr 1887, das **Neue Tor (New Gate)**, erleichtert den Zugang für Pilger ins christliche Viertel.

Al-Aqsa-Moschee ▸ S. 91, c 3

Der Name »Al Aqsa« bedeutet »fernster Ort« und bezieht sich laut Koran auf die Himmelsreise des Propheten Mohammed. 715 entstand unter Kalif Walid I. eine Moschee mit 15 Schiffen. Die Kreuzritter machten aus dem Gebäude den Sitz des Templerordens. Seit Sultan Saladin im Jahr 1187 die Herrschaft übernahm, sind von hier wieder die Rufe des Muezzin zu hören. Der Bau ist 90 m lang und 60 m breit.
Tempelberg • nur für Muslime zugänglich

Armenisches Viertel ▸ S. 91, b 3/4

Das Armenische Viertel unterscheidet sich völlig von den anderen drei: Man betritt im Südwesten der Altstadt noch mal eine eigene, abgeschottete Stadt, in der heute etwa 3000 Menschen leben. Die **Jakobuskirche** aus dem 12. Jh. mit kostbaren Schnitzereien und Malereien gehört zu den schönsten in Jerusalem.
Jakobuskirche, Armenisches Viertel, Armenian Orthodox Patriarchate Rd. • tgl. 15–15.30 Uhr

Ecce-Homo-Basilika ▸ S. 91, b 2

»Jesus trat also heraus, angetan mit Purpurmantel und Dornenkrone, und Pilatus sagt zu ihnen: »Seht, da ist der Mensch.« (lat.: »ecce homo«) So beschreibt das Johannesevangelium die Szene, als Pontius Pilatus Jesus dem Volk zeigte. In der heutigen Krypta der Basilika (1857) soll Pontius Pilatus diese Worte gesprochen haben. Tatsächlich stammen die Steine mit den Spuren von Fuhrwerken und einem eingravierten römischen Spiel aus dem 2. Jh.
Muslimisches Viertel, Via Dolorosa 41 • Tel. 02/6 27 72 92 • tgl. 8–17 Uhr

Erlöserkirche ▸ S. 91, b 3

Die evangelische Kirche mit dem weißen Turm wurde anstelle einer Kreuzfahrerkirche errichtet und 1898 von Kaiser Wilhelm II. eingeweiht. Vom Glockenturm hat man einen herrlichen Rundblick.
Christliches Viertel, Muristan Rd. • Mo–Sa 9–13, 13.30–17 Uhr

Felsendom ▸ S. 91, c 2

Das Wahrzeichen der Stadt schimmert erst seit 1963 so schön golden. Vorher trug der Felsendom (Qubbet el Sachra) eine dunkle Bleikuppel. Der Schrein steht seit 691 dort, wo Mohammed seine Nacht-

reise begonnen und einen Fußabdruck hinterlassen haben soll. Der 13 x 18 m messende Felsen mit dem Abdruck befindet sich unter der Kuppel. Auf eben diesem Felsen war laut Bibel Abraham bereit, seinen Sohn Isaak zu opfern. Der Felsendom ist 54 m hoch, die vier Portale im achteckigen Unterbau sind nach den Himmelsrichtungen ausgerichtet. Süleiman der Prächtige stiftete 1561 gemusterte Fayencefliesen für die Fassade, die 1963 ersetzt wurden.
Tempelberg • Zugang nur für Muslime

WUSSTEN SIE, DASS ...

... Kalif Omar bei der Eroberung der Stadt bewusst nicht in der Grabeskirche betete? Er wollte verhindern, dass daraus eine Moschee wurde.

Grabeskirche ▶ S. 91, b 3

Einer der heiligsten Orte der Christenheit besteht aus einer Ansammlung von Kirchen, Kapellen, Grotten, Nischen, Gebetsräumen und ge-

hört sechs Konfessionen. Mit einem Wort: faszinierend. Hier soll Jesus gekreuzigt worden sein, hier wird sein Grab verehrt, der Auferstehung gedacht, hier streiten sich die Religionsgemeinschaften um jeden Zentimeter. Die orthodoxen Griechen, die katholische Kirche, Armenier, Kopten, Syrer und Äthiopier, deren Mönche auf dem Dach in Lehmhütten leben, haben genau festgelegt, wer wann betet, singt oder putzt.
Kaiserin Helena, fromme Mutter des römischen Kaisers Konstantin, fand der Überlieferung nach an dieser Stelle im Jahr 326 das Grab, die Kreuzigungsstätte – und das Kreuz. 331 ließ sie eine Kirche errichten. Unter den verschiedenen Herrschern wurde diese mehrmals zerstört und wieder aufgebaut. Die Kreuzfahrer weihten die Kirche mit den zwei Kuppeln 1149 ein.
Gleich hinter dem Portal befindet sich der **Salbungsstein**, den viele Gläubige küssen. Oft legen sie auch Plastiktüten mit Devotionalien auf den Stein, um diese zu weihen. Rechter Hand geht es die Treppe hoch zur **Golgata-Kapelle**, nach links zu **Jesu Grab**, einem im Rokokostil errichteten Bau, der 8,5 m lang und 6 m breit ist.
Christliches Viertel, Via Dolorosa • tgl. 5–20 (Sommer), 4–19 Uhr (Winter)

WUSSTEN SIE, DASS ...

... seit dem Jahr 637 die moslemische Familie Nusseibeh den Schlüssel für die Grabeskirche verwaltet? Der Grund: Das gegenseitige Misstrauen unter den in der Kirche ansässigen Religionsgemeinschaften.

Hurva-Synagoge ▸ S. 91, b 3

Erst seit 2010 gehört die Kuppel der großen Hurva-Synagoge wieder

Die Klagemauer (▸ S. 93) ist eines von Jerusalems berühmtesten und bekanntesten Bauwerken. Täglich besuchen Tausende Gläubige diesen Ort, um zu beten.

zu den Wahrzeichen der Altstadt. »Hurva« bedeutet Ruine. Die Synagoge wurde 1720 von arabischen Gläubigern angezündet. Die jordanische Armee zerstörte das Gotteshaus 1948, der Wiederaufbau begann im Jahr 2007.
Jüdisches Viertel • Tel. 02/6 26 59 00 • Führungen sind zu buchen

Klagemauer ▸ S. 91, c 3

Als Jerusalem römische Garnisonsstadt war und Aelia Capitolina hieß, durften Juden nur einmal pro Jahr zum Beten kommen. An den großen Kalksteinquadern der Umrandung des zerstörten Tempels beweinten sie ihr Schicksal. Daher der Name Klagemauer.

Das größte Heiligtum des Judentums ist 48 m lang und 18 m hoch. Viele Menschen stecken kleine Zettel mit ihren Dankesgebeten und Wünschen in die Steinritzen.
Zugang auch für Nichtjuden möglich

WUSSTEN SIE, DASS ...

... die Zettel in den Ritzen der Klagemauer »Kvittelchen« heißen und »Gottes Briefkasten« zwei Mal pro Jahr geleert wird? Die Gebete (auch per E-Mail oder Fax) werden auf dem Ölberg vergraben.

Klagemauer-Tunnel ▸ S. 91, c 3

Der 488 m lange Tunnel, u. a. mit Steinarbeiten aus der Herodes-Zeit, verläuft ab der Klagemauer Richtung Norden. Einer der Kalksteine wiegt rund 550 Tonnen und ist mit 13,6 m so lang wie ein Bus.
Kasse links neben der Klagemauer • Tel. 02/6 27 13 33 • Eintritt 25 NIS • Touren rechtzeitig buchen

St.-Anna-Kirche ▸ S. 91, c 2

Eine der schönsten Kreuzfahrerkirchen im Land aus dem Jahr 1149. An dieser Stelle stand der Überlieferung nach das Haus von Marias Eltern – Anna und Joachim. Chöre singen hier gern, denn die Kirche ist auch wegen ihrer Akustik berühmt. Auf demselben Gelände liegen die **Teiche von Bethesda,** Zisternen aus der Makkabäer-Zeit.
Muslimisches Viertel, Lions Gate Rd., nahe beim Löwentor • tgl. 8–12, 14–17/18 Uhr (Winter/Sommer) • Eintritt 8 NIS

Tempelberg ▸ S. 91, c 2

Heiligtum der Juden, als Haram el Sharif »Erhabenes Heiligtum« der Muslime: Der Tempelberg gilt als Symbol für den Konflikt der Religionen. König Salomo ließ laut Geschichtsschreibung auf dem heiligen Berg Moriah gegen 960 v. Chr. den ersten Tempel bauen. Im Allerheiligsten wurde die Bundeslade mit den zehn Geboten aufbewahrt. 586 v. Chr. zerstörten die Babylonier den Tempel. Ab 518 v. Chr. begann der Wiederaufbau, dann unter Herodes (ab 20 v. Chr.) der Ausbau mit Marmor, vergoldeten Toren und Wänden auf 14 ha. Der Tempel selbst soll 50 m hoch gewesen sein. 70 n. Chr. zerstörten die Römer das jüdische Gotteshaus. 60 Jahre später widmete Kaiser Hadrian Jupiter an dieser Stelle einen Tempel. Dies löste den zweiten jüdischen Aufstand gegen die Römer mit aus. Unter Kaiser Konstantin verschwand der hadrianische Bau – der Tempelberg verkam zur Schutthalde. Nur Jahrzehnte nach der arabischen Eroberung im Jahr 638 entstanden **Al-Aqsa-Moschee** und **Felsendom**. Nicht-Mus-

lime dürfen die heiligen Stätten nicht betreten, können aber über den Holzsteg rechts der Klagemauer hoch auf das Plateau gehen.
Sa–Do 7.30–10.30, 13.30–14.30 Uhr

Via Dolorosa ▶ S. 91, b 2

Der Leidensweg Christi von der Festung Antonia nach Golgata führt heute durch das Muslimische Viertel bis zur Grabeskirche und hat 14 Stationen. Diese wurden erst im 8. Jh. von der Kirche festgelegt. Jeden Freitag um 15 Uhr führen Franziskaner eine Prozession entlang der »Straße der Schmerzen«. Viele Pilgergruppen tragen große Holzkreuze, die ein arabischer Händler vermietet.

Zitadelle ▶ S. 91, a 3

Während der Regentschaft Herodes des Großen entstand an dieser Stelle eine gewaltige, luxuriöse Festung mit drei Türmen, erbaut auf Grundmauern aus der Makkabäer-Zeit. 70 n. Chr. zerstörte Titus den Bau bis auf die Türme. Die Kreuzfahrer bauten hier, die Mamelucken erweiterten deren Festung im 14. Jh. Süleiman der Prächtige integrierte das Anwesen in die Stadtmauer. Heute befindet sich in der Zitadelle das Tower of David Museum – nach dem fälschlicherweise als Davidturm benannten Minarett.
Jaffa Gate

WUSSTEN SIE, DASS …

… jährlich Dutzende Menschen am Jerusalem-Syndrom erkranken? Sie identifizieren sich mit einer biblischen Person. Es kommt vor, dass ein »Jesus« mit einem Esel über die Straßen läuft.

AUSSERHALB DER ALTSTADT
Davidstadt/Silwan ▶ Klappe hinten, f 3

In dem Palästinensischen Viertel unterhalb der Al-Aqsa-Moschee leben rund 40 000 Araber und einige Hundert jüdische Siedler. Hier spürt man den Nahost-Konflikt auf kleinstem Raum. Am Eingang des Ortes befindet sich die Davidstadt mit Funden aus der Zeit um 1000 v. Chr. Der Archäologiepark wird von einer Siedlerorganisation betrieben und ist sehr umstritten. In der Ausgrabungsstätte beginnt der 500 m lange, 2700 Jahre alte Hezekiah-Tunnel mit Wasser aus der Gihon-Quelle zum Shiloah-Teich. Die Tour dauert rund 20 Min., man sollte eine kurze Hose und ein zweites Paar Schuhe zum Wechseln mitbringen.
So–Do 8–17/19 (Winter/Sommer), Fr 8–14/16 Uhr • www.cityofdavid.co.il • Eintritt 27 NIS (Tunnel 14 NIS)
Die Organisation Emek Shaveh (Tal der Gerechtigkeit) bietet eine alternative Tour an. Diese beleuchtet die Rolle der Archäologie im Nahost-Konflikt.
www.alt-arch.org

Dormitiokirche ▶ Klappe hinten, e 3

Kaiser Wilhelm II. hat noch am Tag der Einweihung der protestantischen Erlöserkirche (31.10.1898) das Grundstück für die katholische Dormitio-Kirche offiziell von den Türken übernommen. Die Kirche, südlich der Altstadt gelegen, wurde 1906 fertiggestellt und erinnert an den Tod Marias. In der Apsis zeigt ein großes Mosaik Maria mit dem Jesuskind. Eine liegende Figur der entschlafenen Gottesmutter befindet sich in der Krypta.
Mount Zion • tgl. 8–12, 14–18 Uhr

Als Suleiman der Prächtige im 16. Jh. eine Altstadtmauer erbaute, kam die Zitadelle (▶ S. 94) mit Minarett hinzu. Dieses wird heute Davidsturm genannt.

German Colony
▶ Klappe hinten, d/e 4

Das ehemalige Dorf der schwäbischen Pietisten (Baubeginn 1873) gehört heute zu den teuren Wohngegenden und verfügt über eine bezaubernde Einkaufs- und Restaurantstraße, die Emek Refaim Street.
Emek Refaim St. und angrenzende Straßen

Knesset
▶ Klappe hinten, c 3

Die Knesset ist das Einkammerparlament des Staates Israel. Sie besteht aus 120 Abgeordneten, die jeweils für vier Jahre gewählt werden. Besucher sind im israelischen Parlament willkommen. Wichtig jedoch: unbedingt den Pass für die Kontrolle mitbringen! Besonders interessant ist der Chagall-Saal.
Ruppin Blvd. • Tel. 02/6 75 33 37 • Touren So, Do 8.30 (deutsch, engl.), 12, 14 Uhr (engl.)

Kidrontal
▶ Klappe hinten, f 4

Das Tal zwischen Tempel- und Ölberg wird der Ort des Jüngsten Gerichts sein. Hier sind Grabmale aus dem 2. und 1. Jh. v. Chr.: Das 15 m hohe Avschalom-Grabmal, dahinter das Grab des Joschafat mit acht Felskammern, 25 m entfernt das Jakobusgrab der Priesterfamilie Beni Hesir sowie das Zachariasgrab mit dem Pyramiden-Dach.
Zwischen HaOfel St. und Jericho St.

Mea Shearim
▶ Klappe hinten, d 2

In dem Viertel mit vielen engen Gassen nordwestlich der Altstadt leben ultraorthodoxe Juden nach strengen Regeln. Sie unterhalten sich vor allem auf Jiddisch. Auf Schildern an den Zugängen wird darum gebeten, sich angemessen zu kleiden: längerer Rock für Frauen, lange Ärmel. Am Schabbat bleibt die Straße für Autos gesperrt.

JERUSALEM UND DAS TOTE MEER

Ölberg ▸ Klappe hinten, f 2

Von jenem Hügel gegenüber der Altstadt soll der Messias nach Jerusalem kommen. Von dort soll Jesus in den Himmel aufgefahren sein. Am Fuße des Ölbergs, im Garten Gethsemane, stehen Olivenbäume aus biblischer Zeit. Die katholische Kirche der Nationen mit der Mosaik-Fassade (Jesus zwischen Gott und den Menschen) wurde von mehreren Nationen finanziert. Von der Straße aus betrachtet links findet man das Grab der Maria, wo 47 Stufen in die Krypta hinabführen. Die Maria-Magdalenen-Kirche ist an den sieben vergoldeten Zwiebeltürmen zu erkennen. Zar Alexander II. ließ das Gotteshaus 1885 zu Ehren seiner Mutter erbauen. Oberhalb befindet sich seit 1955 die Dominus-Flevit-Kapelle der Franziskaner, die an die Tränen Jesu erinnern soll, als er die Zerstörung der Stadt voraussah. An der Stelle, wo die Pater-Noster-Kirche 1875 errichtet wurde, soll Jesus das Vaterunser gelehrt haben – an den Wänden hängen Fliesen mit dem Text in 140 Sprachen.

Die Himmelfahrtkapelle markiert den höchsten Punkt auf dem Ölberg. Das Gebäude mit einem Fußabdruck des Herrn wurde von Saladin in eine Moschee umgewandelt. Oberhalb des größten jüdischen Friedhofs der Welt befindet sich der Aussichtspunkt.

Schindler-Grab
▸ Klappe hinten, e 3

Auf dem unteren Teil des katholischen Friedhofs auf dem Zionsberg wurde Oskar Schindler beigesetzt. Der deutsche Unternehmer hatte jüdische Zwangsarbeiter vor den Nazis gerettet. Hollywood-Regisseur Steven Spielberg machte daraus den Film »Schindlers Liste«.
Mount Zion

MUSEEN

L. A. Mayer Museum for Islamic Art ▸ Klappe hinten, d 4

Islamische Kunst aus der Zeit vom 7. bis 19. Jh.: Schmuck, Kalligrafien, Schachspiele, bestickte Teppiche und feine Keramik.
HaPalmach St. • Tel. 02/5 66 12 91 • So, Mo, Mi 10–15, Di, Do 10–19, Fr, 10–14, Sa 10–16 Uhr • www.islamicart.co.il • Eintritt 40 NIS

Israel Museum ⭐
▸ Klappe hinten, c 4

Ein Tag im wichtigsten nationalen Museum gehört dazu! Im »Schrein des Buchs« werden Teile der weltberühmten Schriftrollen vom Toten

Im Israel Museum (▸ S. 96) werden Schriftrollen vom Toten Meer aufbewahrt.

Meer ausgestellt. Das Dach des Museums gleicht den Deckeln der Terrakottakrüge, in denen die Rollen aufbewahrt wurden. Die 900 Manuskripte und 15 000 Fragmente werden seit 2010 von Google gescannt und online gestellt.

Nebenan steht ein großes Jerusalem-Modell, das die Stadt im Jahr 66 n. Chr. darstellt. Allein die Judaica-Abteilung verfügt über rund 10 000 Exponate.

Ruppin Blvd. • Tel. 02/6 70 88 11 • So, Mo, Mi, Do 10–17, Di 16–21, Fr 10–14, Sa 10–17 Uhr • www.english.imjnet.org.il • Eintritt 48 NIS

Rockefeller Museum

▶ Klappe hinten, e 2

Das Gebäude aus Kalkstein beim Herodestor wurde mithilfe der Rockefeller-Familie finanziert und 1938 eröffnet. Es gehört zu den wichtigsten archäologischen Museen in der Region. Ausstellungsstücke sind u. a. Schnitzarbeiten aus der Al-Aqsa-Moschee und Funde aus Jericho wie eine 9000 Jahre alte Statue.

27 Sultan Suleiman St. • Tel. 02/6 28 22 51 • So, Mo, Mi, Do 10–15, Sa 10–14 Uhr • Eintritt frei

Tower of David Museum

▶ Klappe hinten, e 3

Modelle, Multimedia-Einspielungen und Ausstellungen verteilt über das Gelände der Zitadelle veranschaulichen die Geschichte Jerusalems. Highlights sind auch die nächtlichen Lightshows.

Jaffa Gate • Tel. 02/6 26 53 33 • www.towerofdavid.org.il • Sept.–Juni So–Do 10–16, Fei, Sa 10–14, Juli–Aug. Sa, So–Do 10–17, Fr 10–14 Uhr • Eintritt 30 NIS

Yad Vashem ▶ Klappe hinten, a 4

Die Holocaust-Gedenkstätte westlich des Herzlbergs ist ein ebenso beeindruckendes wie erschüttern-

In der »Halle der Namen« im Yad Vashem Museum (▶ S. 97) erinnern Namen, persönliche Daten und Fotos an während des Nationalsozialismus ermordete Juden.

MERIAN-Tipp

ÖSTERREICHISCHES HOSPIZ
▶ S. 91, b 2

Ein Gästehaus mit einer wechselvollen Geschichte und dem besten Ausblick in der Altstadt. 1863 als Pilgerhaus und Residenz des österreichischen Konsuls eröffnet, wurde das Gebäude während des 2. Weltkriegs ein Internierungslager und später ein jordanisches Krankenhaus. Seit 1988 dient es wieder als Gästehaus und friedliche Oase. Auch das dazugehörige Restaurant mit Apfelstrudel und Wiener Schnitzel (tgl. 10–22 Uhr €€€–€€) im großen Garten ist empfehlenswert.
Jerusalem, Via Dolorosa 37 • Tel. 02/6 26 58 00 • www.austrian hospice.com • 32 Zimmer, 4 Schlafsäle • nur Barzahlung • €€€–€

SPAZIERGANG
Ramparts Walk
Stadtplan ▶ S. 91

Wer sich einen Überblick verschaffen will, kann sich die Stadt von oben anschauen: sowohl vom Damaskus-Tor als auch vom Jaffator aus kommt man auf einen befestigten **Weg auf der Altstadtmauer** (hebr. »rampart« = Wall). Es bietet sich ein fantastisches Puzzle aus Kuppeln, Türmen, Minaretten und Gässchen. Zur Mauer am Tempelberg gibt es allerdings keinen Zugang. Der Unterschied zwischen Jüdischem und Muslimischem Viertel zeigt sich deutlich: Die Wohnhäuser im Jüdischen Viertel wurden nach dem Krieg 1967 nicht mehr so dicht aneinandergebaut.
tgl. 9–16/17 Uhr (Winter/Sommer) • Eintritt 16 NIS • Wegbeschreibung bei der Touristeninformation am Jaffator • Dauer: 1–2 Std.

ÜBERNACHTEN
American Colony
▶ Klappe hinten, e 1

Hotellegende 1 • Der ehemalige Pascha-Palast wurde Ende des 19. Jh. von amerikanischen Christen übernommen. Das Luxushotel im Ottomanen-Stil gilt als die beste Adresse in Ost-Jerusalem. Hier übernachteten u.a. schon Winston Churchill und Lawrence of Arabia.
Nablus Rd. • Tel. 02/6 27 97 77 • www.americancolony.com • 86 Zimmer • €€€€

King David
▶ Klappe hinten, e 3

Hotellegende 2 • Ein geschichtsträchtiges 5-Sterne-Hotel in West-Jerusalem mit einer beeindruckenden Eingangshalle und herrlicher Terrasse. Hier steigen Staatsober-

des Denkmal für die während der NS-Zeit ermordeten sechs Millionen Juden. Sie dient zugleich als Forschungszentrum und Archiv. Yad Vashem sucht noch heute Informationen über die Toten. Zwei Millionen Tote konnten bislang nicht identifiziert werden.
2005 öffnete das neue Holocaust-Museum: Ein 180 m langer, schmaler Bau, der wie ein Pfeil in einen Berg getrieben wurde und in dem in neun unterirdischen Galerien chronologisch die Geschichte der Shoah erzählt wird. Yad Vashem bedeutet »Ein Denkmal und ein Name«.
Har HaZikaron • Tel. 02/6 44 35 20 • So–Mi 9–17, Do 9–20, Fr 9–14 Uhr • www.yadvashem.org • Eintritt frei

häupter ab. Das King David wurde im Juli 1946 durch einen Anschlag der zionistischen Untergrundorganisation Irgun gegen die Briten weltweit bekannt.
23 King David St. • Tel. 02/6 20 88 88 • www.danhotels.com • 233 Zimmer • €€€€

Mount Zion Hotel
▶ Klappe hinten, e 3

Gute Aussicht • Ein wunderschöner Komplex mit sechs Stockwerken, die an einem Hang nach unten gehen. Es gibt Gärten, Terrassen, ein Schwimmbad, ein türkisches Bad und einen tollen Blick auf die Altstadt. Die luxuriösen Zimmer haben einen orientalischen Touch.
17 Hebron Rd. • Tel. 02/5 68 95 55 • www.mountzion.co.il • 137 Zimmer • €€€€–€€€

Gloria Hotel
▶ S. 91, a 3

In der Altstadt • Das renovierte Haus mit arabisch anmutender Lobby und recht ordentlichen Zimmern liegt in unmittelbarer Nähe zum Jaffator.
33 Latin Patriarchate St. • Tel. 02/6 28 24 31 • www.gloria-hotel.com • 104 Zimmer • €€€

Knights Palace
▶ S. 91, a 3

Ritterlich • Die Rüstung glänzt, der Ritter grüßt in diesem Hotel mit ein bisschen Kreuzfahrer-Flair beim Neuen Tor im Christlichen Viertel in der Altstadt.
Frères St. • Tel. 02/6 28 25 37 • 50 Zimmer • www.knightspalace.com • €€€

ESSEN UND TRINKEN

Arabesque
▶ Klappe hinten, e 1

Der Pascha lässt grüßen • Der stilvolle Esstempel im Hotel American Colony wird von den Jerusalemern vor allem samstags wegen des großen Lunch-Buffets gestürmt. Da biegen sich die Tische unter Meeresfrüchten, Fisch, Lamm und Desserts.
Nablus Rd. • Tel. 02/6 27 97 77 • www.americancolony.com • tgl. 12–15, 18.30–22.30 Uhr • €€€€–€€€

Caffit
▶ Klappe hinten, d/e 4

Schöne Atmosphäre • Ein beliebtes Restaurant auf der West-Jerusalemer Restaurant- und Einkaufsmeile. Ob Lachs-Burger mit Thai-Kräutern oder Haloumi-Salat: Die Portionen sind groß und frisch.
35 Emek Refaim St. • Tel. 02/5 63 52 84 • So–Do 7–2, Fr 7–15, Sa 20–2.30 Uhr • €€€

Little Jerusalem
▶ Klappe hinten, d 2

Idyllischer Garten • Versteckt neben der Jaffa Street liegt diese kleine Oase mit Terrassen. Das Restaurant im Ticho-Haus hat eine große Karte, Spezialitäten sind Blintzes, gefüllte Pfannkuchen. Dienstags gibt es »Jazz, Cheese and Wine« (95 NIS).
9 Harav Kook St. • Tel. 02/6 24 41 86 • www.go-out.com/ticho • €€€

Rossini's
▶ S. 91, a 3

Feiner Italiener • In diesem netten, kleinen Restaurant geht es nicht koscher zu: Shrimps und Meeresfrüchte stehen ebenso auf der Karte wie Pasta und Fleisch.
32 Latin Patriarchate St. • Tel. 02/6 28 29 64 • Mo–Sa 12–22 Uhr • www.rossini-jerusalem.com • €€€

Pasha's Restaurant
▶ Klappe hinten, nördl. e 1

Arabische Spezialitäten • Das Ost-Jerusalemer Restaurant ist beliebt

wegen seiner mächtigen, fein gewürzten Fleischgerichte.
13 Shimon Hazadik St. • Tel. 02/5 82 51 62 • tgl. 12–24 Uhr • €€€–€€

Jerusalem Hotel
▶ Klappe hinten, e 2

International • Im hübschen Innenhof treffen sich gern die Mitarbeiter von Hilfsorganisationen. Besonders beliebt ist das Gartenrestaurant, wo man unter einer schattigen Pergola sitzt. Angenehm ist auch das kleine Restaurant Diwan, das in einem ehemaligen Stall untergebracht ist.
Nablus Rd. (Eingang gegenüber Busbahnhof, 4 Antara Ben-Shadad St.) • Tel. 02/6 28 32 82 • www.jrshotel.com • tgl. 11–23 Uhr • €€

Abu Shukri ▶ S. 91, b 2

Hummus-Berühmtheit • Das einfache, fast unscheinbare Restaurant zwischen den Kreuzwegstationen 4 und 5 bewirtet auch Pilgergruppen mit dem hochgelobten und preiswerten Hummus.
63 Al Wad Rd. • Tel. 02/6 27 15 38 • tgl. 8–16.30 • €

EINKAUFEN

Elia Photo ▶ S. 91, b 2

Die Familie Kahvedjian dokumentiert die Geschichte der Stadt seit mehr als 90 Jahren und verkauft tolle Aufnahmen.
14 Al Khanka St. • Tel. 02/62 82 74 • Mo–Sa 9–18, So 11–13 Uhr

Mamilla Shopping Mall
▶ S. 91, a 3

Dem Jaffator gegenüber beginnt diese schicke offene Einkaufsmeile mit Markengeschäften.
So–Do 10–22.30, Fr 9.30–15, Sa nach Schabbat bis 23 Uhr

AM ABEND
BARS
Cellar Bar ▶ Klappe hinten, e 1

In der Bar des grandiosen American Colony Hotels haben über die Jahre schon viele Journalisten und UN-Vertreter den Nahost-Konflikt diskutiert.
Nablus Rd. • www.americancolony.com • tgl. 18–1 Uhr

Colony ▶ Klappe hinten, e 1

Eine Mischung aus Plüsch und modern, Restaurant und langer Holzbar.
Bethlehem Rd. • Tel. 02/67 29 95 57 • tgl. 12 Uhr–nachts

Zuni ▶ Klappe hinten, d 2

24/7 – 24 Stunden, 7 Tage die Woche, das kommt in Jerusalem nicht allzu häufig vor. Eine schöne Bar mit Karte für nächtliche Hungeranfälle.
Nahalat Shiva, 15 Yoel Moshe Solomon St. • Tel. 02/6 25 77 76 • tgl. 0–24 Uhr

SERVICE
AUSKUNFT
Tourist Information Centre
▶ S. 91, a 3

Jaffa Gate • Tel. 02/6 27 14 24 • www.jerusalem.muni.il • Sa–Do 8.30–17, Fr bis 13 Uhr

TOUREN
Green Olive Tours

Aktuelle politische Aspekte stehen im Fokus der Touren. Treffpunkt je nach Tour unterschiedlich.
Tel. 03/7 21 95 40 • www.greenolivetours.com

Sandemans New Jerusalem Tours
▶ S. 91, a 3

Täglich kostenlose Altstadtführung, keine Voranmeldung erforderlich.

Die Mamilla Shopping Mall (▶ S. 100) verfügt über eine Promenade sowie ein zweistöckiges Gebäude mit Boutiquen, IMAX-Kino und gehobenen Restaurants.

Beim Jaffa Gate • www.neweuropetours.eu

Zion Walking Tour ▶ S. 91, a 3
Altstadt, Ölberg – Spaziergänge auch in deutscher Sprache. Auch Bustouren im Angebot.
Beim Jaffa Gate • Tel. 02/6 27 75 88 • zionwt.dsites1.co.il

VERKEHR
Bahn
Vom Bahnhof Malcha im Südwesten der Stadt fährt stündlich ein Zug nach Richtung Tel Aviv.
Bahnhof Malcha
▶ Klappe hinten, südl. b 6

Busse ▶ S. 91, a 3
Von der Central Bus Station fahren alle 15 Min. Busse nach Tel Aviv (1 Std.) und Richtung Haifa (2,5 Std.), sechs Mal tgl. nach Eilat (4,5 Std.).
Jaffa Rd., Tel. 02/6 21 84 44

Linie 99 (Rundfahrt) hält für Touristen an 24 interessanten Punkten und fährt bis nach Yad Vashem. Audiosystem (auch deutsch) für Sehenswürdigkeiten.
Tel. 02/5 30 47 04 • www.egged.co.il • ab 60 NIS

Mietwagen
Achtung: Man sollte vorher klären, ob eine Fahrt nach Jericho oder Bethlehem möglich ist.
– Avis ▶ Klappe hinten, e 3
19 King David St. • Tel. 02/6 24 90 01 • www.avis.co.il
– Budget ▶ Klappe hinten, e 3
23 King David St. • Tel. 02/9 35 00 15 • www.budget.co.il
– Eldan ▶ Klappe hinten, e 3
24 King David St. • Tel. 02/6 25 21 51 • www.eldan.co.il
– Hertz ▶ Klappe hinten, e 3
19 King David St. • Tel. 02/6 24 13 51 • www.hertz.co.il

Ziele in der Umgebung

◎ Abu Gosh ▸ S. 151, D 5
7000 Einwohner

In dem arabischen Ort kann ein Besuch der **Kreuzfahrerkirche** aus dem 12. Jh. mit gutem Essen kombiniert werden. Hier soll es die besten Hummus-Restaurants des Landes geben.

13 km westl. von Jerusalem

◎ Bethlehem ▸ S. 151, D 6
30 000 Einwohner

Nur etwa 15 Autominuten südlich von Jerusalem liegt der Geburtsort Jesu und Davids. Die schöne Landschaft auf dem Weg wird jäh von einer bis zu 8 m hohen Trennmauer unterbrochen. Die Israelis haben die umstrittene Sperranlage nach eigenen Angaben gebaut, um sich vor Terror zu schützen. Bethlehem (arab. »Stadt des Fleisches«, hebr. »Stadt des Brotes«) gehört zu den Palästinensergebieten und kann nur durch einen Kontrollpunkt an der Mauer erreicht werden. Die Folgen der zweiten Intifada waren lange zu spüren, Häuser wurden zerstört, Hotels mussten schließen. Die Mauer hielt Touristengruppen jahrelang davon ab, hierher zu reisen. Inzwischen hat sich die Situation wieder deutlich verbessert, und es kommen mehr Touristen nach Bethlehem.

10 km südl. von Jerusalem

SEHENSWERTES
Geburtskirche

Wer vom Krippenplatz (Manger Square) auf die Kirche zugeht, fühlt sich zunächst eher an eine Festung erinnert. Man betritt die Kirche gebeugt. Das »Tor der Demut« ist nur 1,25 m hoch. Die Kreuzfahrer hatten das ehemals große Portal verkleinert, um das Gotteshaus besser verteidigen zu können.

Landschaftlich und historisch beeindruckend: die Festung Massada (▸ MERIAN-Tipp, S. 105) aus der Zeit des Herodes, besonders schön bei Sonnenaufgang.

Im Jahr 335 wurde die von Kaiserin Helena in Auftrag gegebene Basilika eingeweiht. Im Mittelschiff sind Mosaiken dieser Kirche erhalten. Ein paar Meter entfernt beginnen die Stufen zur Geburtsgrotte mit dem Silberstern. Links neben der Geburtskirche befindet sich die Katharinenkirche.
Manger Sq. • tgl. 5–18/20 Uhr (Winter/Sommer)

◎ Herodion ▸ S. 151, D 6
Herodes der Große ließ hier einen 90 m hohen Hügel aufschütten und darauf einen Palast mit einem mehrstöckigen Turm errichten. Sein (leeres) Grab und Teile von Sarkophagen entdeckten Archäologen erst 2007.
Tgl. 8–16/17 Uhr (Winter/Sommer) • Eintritt 27 NIS
13 km südl. von Jerusalem

◎ Jericho ▸ S. 151, E 5
20 000 Einwohner

Die älteste Stadt der Welt ist zugleich die tiefstgelegene: 395 m unter dem Meeresspiegel. Jericho untersteht wie Bethlehem der palästinensischen Autonomiebehörde. Archäologen legten am Tel el Sultan Funde aus dem 8. Jahrtausend v. Chr. frei.
30 km östl. von Jerusalem

SEHENSWERTES
Berg der Versuchung

Wo Jesus einst 40 Tage fastete und der Teufel ihn in Versuchung führte, steht seit 1905 ein griechisch-orthodoxes Kloster. In der Kapelle verehren Gläubige einen Stein, von dem sie glauben, dass Jesus hier saß. Man gelangt am besten mit einer Seilbahn zum Kloster.
Tgl. 8–21 Uhr • Seilbahn 55 NIS

◎ St. Georgskloster
▸ S. 151, D 5

Das griechisch-orthodoxe Kloster von 1871 mit seinen blauen Kuppeln klebt wie ein Schwalbennest an den Wänden des Wadi Quelt. Wer von Jerusalem ans Tote Meer fährt, biegt nach knapp 20 km links ab – vom Parkplatz wandert man 3 Std. durch das Wadi zum Kloster (es wird empfohlen, in Gruppen zu wandern). Von Jericho aus führt eine Straße bis zum Parkplatz unterhalb des Gemäuers.
So–Fr 8–11, 15–17, Sa 9–12 Uhr
20 km nordwestl. von Jerusalem

◎ Taufstelle Kasr al Jahud
▸ S. 151, E 5

Bei Jericho soll Jesus von Johannes im Jordan getauft worden sein. Die Stelle befindet sich in militärischem Sperrgebiet, kann aber nach Renovierungsarbeiten seit April 2011 wieder besucht werden.
Tel. 02/6 50 48 44 (tel. anmelden, damit Tor geöffnet wird!) • Sa–Do 9–16 Uhr
40 km östl. von Jerusalem

Totes Meer [8] ▸ S. 151, E 6/7

Die heilende Kraft dieses Wassers wird seit Tausenden Jahren beschrieben, auch Kleopatra soll hier schon gebadet haben. Der Salzgehalt von mehr als 30 % ist zehn Mal höher als im Mittelmeer. Das macht die berühmten Fotos möglich: Badende, die auf der Wasseroberfläche treibend, problemlos Zeitung lesen. Die Mineralien im Wasser sind gesund. Aus der ganzen Welt kommen Menschen mit Hautkrankheiten und suchen Heilung. Außerdem wirken die Bromide in der Verdunstungsglocke ausgesprochen entspannend.

MERIAN-Tipp

EIN GEDI RESORT ▶ S. 151, E 6

Oasen klingen nach Erholung und das gilt auch für die Kibbuz-Gäste. Hübsche bis luxuriöse Zimmer im Grünen, Massagen, ein Schwimmbad, große Buffets und das Tote Meer vor der Tür sind die besten Zutaten für Entspannung. Das Spa ist ein wenig in die Jahre gekommen, zum Toten Meer muss man wegen des sinkenden Wasserspiegels mit einer Bahn fahren. Ein Plus: das Schwimmbad, wenn Kinder keine Lust mehr auf Salz haben.
Hotel: Ein Gedi • Tel. 08/6 59 47 26 • www.ein-gedi.co.il • 200 Zimmer • €€€
Spa: Ein Gedi • Tel. 08/6 59 48 13 • So–Sa 8–17/18 Uhr (Winter/Sommer), Fr 1 Std. früher • Eintritt 75 NIS (für Hotelgäste frei)

Der Name lädt zu vielen Wortspielchen ein und alle stimmen: »Leben am Toten Meer« – in der Wüste gedeihen zahlreiche Pflanzenarten, Steinböcke suchen schon einmal Parkplätze heim. »Das Tote Meer ist krank« – der Fluss Jordan liefert nicht mehr genug Wasser. Der nördliche Teil des Toten Meeres sinkt deshalb pro Jahr um einen Meter. Der südliche Abschnitt mit den Hotels in Ein Bokek wird durch einen künstlichen Kanal gespeist. So wollte man einen stabilen Wasserspiegel für Tourismus und den Abbau von Pottasche garantieren. Tatsächlich steigt der Wasserspiegel durch die Salzablagerungen.

Der Salzsee am tiefsten Punkt der Erde (minus 400 m) ist noch etwa 65 km (1992: 75 km) lang. Mittendurch verläuft die israelisch-jordanische Grenze.

Ein Bokek ▶ S. 151, E 6

Der Hotelort am nordwestlichen Seeufer steht auch für Medizintourismus am Toten Meer. Man sollte in einem Hotel mit eigenem Strand übernachten. Salzverklebt bei 40 °C die Straße entlang in ein entferntes Hotel zu laufen, dämpft die Freude.
www.einbokek.com

ÜBERNACHTEN
Lot Spa Hotel
Schöner Strand • Nach Zimmer mit Seeblick fragen! Das Buffet ist riesig und lecker. Im Haus gibt es auch einen Pool mit warmem Salzwasser, draußen ein Schwimmbad.
Ein Bokek • Tel. 08/6 68 92 22 • www.lothotel.com • 200 Zimmer • €€€€–€€€

Ein Gedi ▶ S. 151, E 6

Der 1956 gegründete Kibbuz am westlichen Seeufer in der Nähe von vier Quellen bietet Besuchern heute einen wunderschönen botanischen Garten mit mehr als 1000 Pflanzenarten und ein großes Hotel.

SEHENSWERTES
Ein Gedi National Park
Verschiedene Wanderwege sind ausgeschildert. Der gut 45 Min. dauernde Aufstieg durchs Wadi David zum David Wasserfall ist eher einfach. Die Natur ist wunderschön. Es heißt, David habe sich hier in einer Höhle vor König Saul versteckt.
Tel. 08/6 58 42 85 • tgl. 8–16/17 Uhr (Winter/Sommer) • Eintritt 27 NIS

Massada ▶ S. 151, D 7

Die gewaltige Festung erinnert an die großen Bauvorhaben des Herodes sowie eine jüdische Tragödie im Kampf gegen die Römer.

Während seiner Amtszeit ließ der König das 450 m hoch liegende Plateau mit dem weiten Blick über Wüste und Totes Meer vollständig ummauern, Zisternen und 37 Türme errichten. An der Spitze entstand sein Nordpalast.

Nach dem Tod von Herodes 4 v. Chr. wurde Massada (hebr. »Ha Mezada« = Festung) eine römische Garnison. Im Jahr 66 eroberten Zeloten (radikale jüdische Kämpfer) den Felsen. Rom wollte diesen Widerstand brechen und schickte im Jahr 73 oder 74 10 000 Mann. Reste der acht Feldlager sind noch zu erkennen. Als die Römer nach dem Bau einer Rampe vor der Einnahme Massadas standen, begann nach Berichten des jüdischen Geschichtsschreibers Flavius Josephus das Blutbad: Um der Sklaverei zu entgehen, töteten die Zeloten ihre Familien und dann sich selbst. 960 Menschen starben, nur zwei Frauen und fünf Kinder überlebten. Für viele Israelis ist die Festung am südlichen Ende des Sees bis heute ein Freiheitssymbol.

Eine Seilbahn führt auf das Plateau des UNESCO-Weltkulturerbes.
Tel. 08/6 5 84 207 • tgl. 8–16/17 Uhr (Winter/Sommer), letzter Eintritt 1 Std. vorher • www.parks.org.il • Seilbahn 67 NIS

Mineral Beach ▶ S. 151, E 6

Die beste Wahl am Westufer des Toten Meeres: Es gibt nette Plätzchen unter Strohschirmen, einen heißen Schwefelpool und seit Sommer 2011 neue Duschen, Toiletten und Umkleidekabinen sowie Picknickmöglichkeiten. Ende 2011 sollen ein Restaurant und eine kleine Bahn in Betrieb genommen werden.
So–Do 9–17.45, Fr/Sa 8–17.45, Winter 9–16.45 Uhr • Eintritt ab 45 NIS

Qumran ▶ S. 151, E 6

Bis zum Jahr 68 lebten, lernten und lehrten in dieser kargen Wüstengegend beim nördlichen Seeufer die Essener, eine strenggläubige jüdische Gruppe.

Ihr Erbe, das sie seinerzeit vor den Römern in Höhlen versteckten, gilt als Weltsensation: die ältesten bekannten Bibelschriften, in aramäischer, hebräischer und griechischer Sprache. Die ersten Schriftrollen hatte 1947 ein Hirtenjunge zufällig entdeckt, als er nach einer Ziege suchte. Besucher sehen heute die Ruinen der Essener-Stadt und die Höhlenöffnungen.
Tel. 02/9 94 22 35 • tgl. 8–16/17 Uhr (Winter/Sommer) • Eintritt 21 NIS

MERIAN-Tipp 9

SONNENAUFGANG AUF MASSADA ▶ S. 151, D 7

Ein unvergessliches Erlebnis: Hinter den jordanischen Bergen kommt die Sonne hoch und lässt die Festung Massada und die umliegenden Felsen in einem herrlichen Licht erscheinen. Um dieses Schauspiel nicht zu verpassen, sollte man allerdings je nach Jahreszeit schon gegen 4 Uhr morgens mit ausreichend Wasser bepackt den 45-minütigen Aufstieg am Schlangenpfad beginnen.

Der Süden

Bizarre Felslandschaften, Wüste und Badespaß: Die Negev-Wüste und das Rote Meer machen es dem Besucher leicht, sich in beiden Welten wohlzufühlen. Jeeptour und Schnorcheln an einem Tag – kein Problem!

◄ Zwei neugierige Vertreter der Alpaka-Farm bei Mitzpe Ramon (▶ MERIAN-Tipp, S. 110) beäugen die Besucher.

Wer im kleinen Israel ein Gefühl von Weite und Entfernungen haben will, darf einen Trip durch die **Negev-Wüste** nicht verpassen. Das Gebiet umfasst immerhin 60 % des Landes, aber nur jeder zehnte Israeli lebt hier. Im nordöstlichen Teil der Wüste liegt Dimona mit dem einzigen Atomreaktor des Landes.
Von Norden kommend, fährt man zunächst durch eine flache Landschaft, die dann durch Felsformationen und tiefe Täler abgelöst wird. Den Höhepunkt bildet der Machtesh Ramon, der Erosionskrater in der Kleinstadt Mitzpe Ramon. Irgendwann taucht links der Straße der gelbe Sand auf, und man weiß: Bald kommt Eilat am Roten Meer. Wüste und Badespaß treffen aufeinander.
Für Archäologen und Geologen ist die Trockenwüste mit den Hunderte Millionen alten Erdschichten und den Tausende Jahre alten Besiedlungsspuren ein traumhafter und ergiebiger Arbeitsplatz.

Be'er Sheva ▶ S. 150, C 7

195 000 Einwohner

Die Hauptstadt des Negev ist eine der größten Städte des Landes und Sitz der Ben-Gurion-Universität mit mehr als 20 000 Studenten. Der Name bedeutet übersetzt »Schwurbrunnen«. Der biblischen Überlieferung nach soll Abraham sich hier mit dem König der Philister, Abimelch, auf die Nutzung eines Brunnens geeinigt haben. In der Stadt selbst gibt es keine Attraktionen, die wichtigen Sehenswürdigkeiten sind in der Umgebung. Der einst farbenfrohe Beduinenmarkt ist schon lange nur noch ein Markt für billige Haushaltswaren. Wer die Wüste wirklich erleben will, sollte ein paar Tage in Mitzpe Ramon bleiben.

Ziele in der Umgebung

◉ Kibbuz Lahav ▶ S. 150, C 7

In diesem Kibbuz findet man das einzige Museum im Land, das sich ausschließlich mit der Beduinen-Kultur befasst. Schätzungen zufolge leben in der Negev-Wüste 160 000 Beduinen, teils unter widrigen Umständen in nicht anerkannten Dörfern. Die Arbeitslosigkeit ist groß, der Bildungsstand niedrig. Das Museum of Bedouin Culture zeigt Alltags- und Kunstgegenstände, Werkzeuge und Schmuck zum Beispiel und erklärt die Geschichte dieses Nomadenvolkes.
Tel. 08/9 91 33 22 • www.joealon.org.il • So–Do 9–17, Fr 9–14 Uhr • Eintritt 25 NIS
20 km nordöstl. von Be'er Sheva

◉ Mamshit National Park
▶ S. 151, D 7

Zwischen dem 4. und 1. Jh. v. Chr. wanderten die Nabatäer in die Negev-Wüste ein, zunächst noch ein Nomadenvolk. Dann wurden Städte

gebaut und Handelsrouten festgelegt. Mit dem Transport von Gewürzen, Metallen und Düften wurde das von Petra aus regierte Königreich wohlhabend. Mamshit war eine der Städte der Nabatäer. Hier gab es vermutlich auch eine Architektenschule, und es wurde Pferdezucht betrieben (»Araber«), u.a. legten Archäologen Ställe und Fresken frei.
Tel. 08/6 55 64 78 • www.parks.org.il • tgl. 8–16/17 Uhr (Winter/Sommer) • Eintritt 21 NIS
45 km östl. von Be'er Sheva

ÜBERNACHTEN
Negev Camel Ranch
Wüstenromantik • Es sind einfache Unterkünfte in Steinhäuschen mit Gemeinschaftsduschen, das vegetarische Essen wird am Lagerfeuer zubereitet (55/35 NIS), und überall grüßt ein Kamel.
Beim Mamshit National Park • Tel. 08/6 55 28 29 • www.cameland.co.il • 12 Zimmer • €

WUSSTEN SIE, DASS ...
... es ein Jahrtausende altes Geheimnis ist, woher die Nabatäer stammten? Bis heute wird nur vermutet, dass die einstigen Nomaden aus Arabien einwanderten.

◎ Shivta National Park
▶ S. 150, B 8

Eine Nabatäerstadt in der westlichen Negev-Wüste aus dem 1. Jh., die abseits der großen Handelsrouten lag: Hier ging es um Landwirtschaft, die nur mit einem ausgeklügelten Bewässerungssystem funktionieren konnte. Überall in der Stadt gab es private Zisternen sowie ein doppeltes Wasserreservoir. So konnten die Einwohner mit dem geringen Niederschlag gut leben. Im 2. Jh. kam Shivta unter römische Herrschaft, aus der byzantinischen Periode (4. bis 6. Jh.) stammen die meisten der Ruinen.
www.parks.org.il • Eintritt frei
60 km südwestl. von Be'er Sheva

◎ Tel Sheva National Park
▶ S. 150, C 7

Das biblische Be'er Sheva war vermutlich die erste geplante Siedlung in der Region. Die Ruinen stammen aus dem 10. Jh. v. Chr. und wurden 2005 zum UNESCO-Weltkulturerbe erklärt. Bislang konnten zwei Drittel der Stadt freigelegt werden, die von starken Mauern umgeben war. Beeindruckend ist das Wassersystem mit großen Zisternen, das man über eine steile Treppe erreicht. Der Aussichtsturm bietet einen guten Überblick über das Areal.
Tel. 08/6 46 72 86 • www.parks.org.il • tgl. 8–16/17 Uhr (Winter/Sommer) • Eintritt 14 NIS
6 km östl. von Be'er Sheva

Mitzpe Ramon ▶ S. 152, C 9
4000 Einwohner

Angefangen hat es mit dem Bau der Straße nach Eilat. 1951 lebten hier die Arbeiter in einem provisorischen Lager. Heute ist Mitzpe Ramon Zentrum des Wüstentourismus mit netten Hotels, Restaurants und einer großen Auswahl an Touren. Mitzpe, wie es die Einheimischen nennen, liegt in 900 m Höhe. Auch im Sommer kann es nachts ordentlich abkühlen. Im Winter fällt hier manchmal Schnee. Die Luft ist gut, die Lage am Rand des Kraters fantastisch. Man trifft auf sehr

Vom Besucherzentrum am Erosionskrater Machtesh Ramon (▶ S. 109) in der Negev-Wüste blickt man über die unendliche Weite der Wüstenlandschaft.

hilfsbereite Menschen, die die Wüste lieben.

SEHENSWERTES
Bio Ramon

»Wir sehen sie nicht, aber wir sind in der Wüste umgeben von ihnen«, sagt Zoowärter Tzur Magen und zeigt auf Skorpione, Eidechsen, Wüstenratten und Schlangen. In dem kleinen Wüstenzoo im Zentrum des Orts kreucht und fleucht es, der Ranger erklärt wunderbar, wie sich die Tiere ihrer harschen Umgebung anpassen.
Straße 40 • Tel. 08/6 58 87 55 • So–Do, Sa 8–16/17, Fr 8–15/17 Uhr (Winter/Sommer) • Eintritt 12 NIS

Ramon Krater (Machtesh Ramon)

40 km lang, bis zu 8 km breit und 350 m tief – der Machtesh Ramon ist der größte Erosionskrater der Welt, vor zig Millionen Jahren entstanden. Denn auch wenn es auf den ersten Blick so wirkt: Ein Meteorit schlug hier nie ein.
Die Aussicht von der Plattform bei der Touristeninformation ist sensationell: links und rechts die steil abfallende Wand, in der Ferne die unterschiedlichen Gesteinsformationen, all die verschiedenen Farben. Mit seinen Gesteinsschichten ist der Krater wie ein offenes geologisches Geschichtsbuch. Solche Erosionskrater gibt es nur in der Negev-Wüste und auf der Sinai-Halbinsel. Am Rand entlang oder durch den Krater durch führen viele Wanderwege. Karten sind bei der Touristeninformation erhältlich, Informationen zu geführten Touren auch bei der SPNI Har HaNegev Field School am Kraterrand.
SPNI Har HaNegev Field School • Tel. 08/6 58 86 15 • So–Do 8–17, Fr 8–13 Uhr

MERIAN-Tipp

ALPAKA-FARM ▶ S. 152, C 9

Es war »Liebe auf den ersten Blick«, als Naama und Ilan Dvir 1988 den Alpakas in den Anden begegneten. Ein paar Monate später brachten sie fast 200 von ihnen nach Israel. Heute befinden sich auf der Farm 4 km von Mitzpe Ramon etwa 250 Alpakas, ein paar Lamas und etwa 20 Hunde zum Schutz vor Hyänen. Vor Ort wird auch geschoren und die Wolle verarbeitet. Es gibt geführte Touren mit den Tieren, oder man kann einfach nur zum Streicheln vorbeikommen.

Oberhalb der Farm haben die Besitzer vier Gästezimmer in den Hang gebaut – gemütlich eingerichtet, mit kleiner Terrasse und eigener Küche. Man kann beim Füttern der Tiere morgens und abends dabei sein. Manchmal gibt es Grillabende und Lagerfeuer. Und: Ein lustiges Alpaka-Gesicht am frühen Morgen – dann kann nichts mehr schiefgehen. Ideal zum Abschalten.

Mitzpe Ramon, Hotel: Tel. 0 52/ 8 97 70 11 • www.alpaca.co.il • 4 Zimmer • €€€–€€
Mitzpe Ramon, Farm • Tel. 08/ 6 58 80 47 • tgl. 8.30–16.30/ 18.30 Uhr (Winter/Sommer) • Eintritt 25 NIS

ÜBERNACHTEN

Beresheet

Luxus und tolle Aussicht • Die Natursteinhäuschen des 5-Sterne-Hotels schmiegen sich geradezu in die Landschaft. Das Beresheet (hebr. für »Genesis«) steht am Kraterrand und bietet sensationelle Aussichten. Viele Zimmer haben private Pools, außerdem gibt es zwei Schwimmbäder mit Blick sowie ein Gourmetrestaurant. Auf dem Hotelgelände dürfen nur Elektroautos fahren. Mitzpe Ramons schickstes Hotel wurde erst im April 2011 eröffnet.
Derech Beresheet • Tel. 01/8 00 80 08 08 • www.isrotel.co.il • 111 Zimmer • €€€€

Chez Eugène

Luftige Lofts • Arnauld Rodrigue hat sich mit diesem Boutiquehotel einen Traum erfüllt. Jedes Zimmer richtete er anders ein, einzigartig, supermodern, aber mit einem warmen Zuhausegefühl. Das hoteleigene Restaurant bietet eine sehr gute empfehlenswerte Küche.
Har Ardon St. • Tel. 08/6 53 95 95 • www.mitzperamonhotel.co.il • 6 Zimmer • €€€€–€€€

Isrotel Ramon Inn

Großer Pool • Ein angenehm ruhiges Hotel mit Lobby-Bar und Buffet-Restaurant. Teilweise haben die Zimmer einen Blick auf den Krater. Das große Plus ist aber der schöne, 17 m lange Pool für die müden Wanderknochen, außerdem gibt es Sauna und Fitnessraum. Allerdings: Das ehemalige Apartmenthaus hat weder Balkone noch Aufzüge.
1 Ein Akev St. • Tel. 08/6 58 88 22 • www.isrotel.co.il • 96 Zimmer • €€€

ESSEN UND TRINKEN

Chez Eugène

Gourmetkoch am Werk • Chefkoch Yair Feinberg hat sein Handwerk an der Seite von Starköchen (Bocuse) gelernt und verzaubert nun die

Gäste in der Wüste mit Köstlichkeiten wie Osso Bucco oder Hühnchen mit Ratatouille.
Hotel Chez Eugène, 9 Har Ardon • Tel. 08/6 53 95 95 • www.mitzperamonhotel.co.il • So–Mi 19–22, Do 12–17, 19–22, Fr 12–16, 18.30–22, Sa 12–22 Uhr • €€€

HaHavit

Große Portionen • Das Restaurant »Fass« ist vom Kraterrand ins Städtchen umgezogen, samt der Bar. Serviert werden neben lokalen Vorspeisen wie gegrillte Paprika mit Labane auch Fleisch-, Fisch- und Pastagerichte. Große und leckere Portionen.
Nahal Tsiya Rd. • Tel. 08/6 58 82 26 • tgl. 8–2 Uhr • €€€

SERVICE
AKTIVITÄTEN
Astronomie
Astronomy Israel

Sterne gucken im Krater für Anfänger und Fortgeschrittene unter erfahrener Leitung.
8 Nachal Gerofit • Tel. 0 52/5 44 97 89 • www.astronomyisrael.com • tgl. außer Fr, Fei

Jeeptouren
Karkom Jeep Tours

Jeep- und Wandertouren durch die Negev-Wüste, auch längere Ausflüge mit Übernachtung.
Tel. 0 54/5 34 37 97 • www.negevjeep.co.il

Radfahren
Desert Shade

Per Rad oder auch zu Fuß geht es entlang alter Routen und zu versteckten Plätzen.
Tel. 0 54/6 27 74 13 • www.desertnomads.com

AUSKUNFT
Visitor Center

Ein brandneues Informationszentrum am Kraterrand soll im April 2012 öffnen: mit einem 3-D-Modell des Kraters, neuen Filmen und einer Weltraum-Abteilung, die dem israelischen Astronauten Ilan Ramon gewidmet ist. Ramon starb 2003 beim Columbia-Absturz.
Tel. 08/6 58 86 91 • tgl. 8–16/17 Uhr (Winter/Sommer) • www.parks.org.il • Eintritt 25 NIS

VERKEHR
Busse

So–Do fährt 4-mal täglich ein Bus ab der Tankstelle an der Straße 40 nach Eilat (2,5 Std.). Stündlich zwischen 6 und 21.30 Uhr fahren Busse Richtung Be'er Sheva (1,5 Std.).
Egged-Bus, Tel. 03/9 14 37 11

Ziele in der Umgebung
Avdat National Park

▶ S. 150, B 8

Auf einem großen Hügel neben der Straße liegen die Ruinen der Nabatäerstadt Avdat (UNESCO-Weltkulturerbe). Hier sollen einst bis zu 3000 Menschen gelebt haben. Avdat war ein wichtiger Stützpunkt entlang der Gewürzstraße und wurde gegen Ende des 4. Jh. v. Chr. gegründet. Im Jahr 106 wurde das nabatäische Königreich ins Römische Reich eingegliedert. In der Folgezeit änderten sich die Routen, und Avdat verlor allmählich an Bedeutung. Zu sehen sind heute Ruinen aus der nabatäischen, römischen und byzantinischen Periode – ein Armeelager, Tempel, zwei Kirchen, ein Badehaus, römische Grabhöhlen. Im Touristenzentrum am Eingang wird ein 10-minütiger Film gezeigt.

Tel. 08/6 55 15 11 • www.parks.org.il • tgl. 8–16/17 Uhr (Winter/Sommer) • Eintritt 27 NIS (Kombi-Ticket mit Ein Avdat 43 NIS)
23 km nördl. von Mitzpe Ramon

◎ Ein Avdat National Park
▶ S. 150, B 8

In dieser Region wird aus dem Zin-Tal, das sich vom Machtesch Ramon bis zum Toten Meer erstreckt, ein imposanter Canyon. Durch mehrere Quellen entstehen Wasserlandschaften mit eiskalten Teichen zwischen hohen Kalksteinwänden, Moosen, Farnen und Algen. Der Wilderness of Zin Nature Trail führt vom Parkplatz am Ben-Gurion-Grab (Abfahrt von Straße 40 bei Sde Boker Academy) vorbei an den Teichen und nach einem steilen Treppenaufstieg zum südlichen Parkeingang. Die One-Way-Tour dauert 2–3 Std. Die kürzere Variante: vom erstgenannten Parkplatz in den Canyon und dieselbe Strecke zurücklaufen (1–2 Std.).
Tel. 08/6 55 56 84 • tgl. 8–16/17 Uhr (Winter/Sommer) • Eintritt 27 NIS
29 km nördl. von Mitzpe Ramon

◎ Kibbuz Sde Boker
▶ S. 150, B 8

Der Kibbuz wurde 1952 vor dem Hintergrund des zionistischen Traums von der blühenden Wüste gegründet. Er ist vor allem wegen seines prominentesten Bewohners bekannt: Staatsgründer David Ben-Gurion (1886–1973) lebte hier mit seiner Frau Paula. Das pastellgrüne Häuschen beherbergt heute ein Museum. Sde Boker ist Teil der Ben-Gurion-Universität (Umwelt, Wasser, Solarenergie). Am Rand des Uni-Kampus, südlich vom Kibbuz, befinden sich die Gräber von Paula und David Ben-Gurion. Vom **Gartengrab** aus hat man einen herrlichen Blick in den Canyon.

Bunt und vielfältig ist die Unterwasserwelt mit ihren Korallen und vielen unterschiedlichen Fischarten am Riff vor Eilat (▶ S. 113) am Roten Meer.

Museum: Tel. 08/6 53 27 17 • www.sde-boker.org.il • So–Do 8.40–16, Fr 8.30–14, Sa 9–15 Uhr • Eintritt 10 NIS
32 km nördl. von Mitzpe Ramon

Eilat ▶ S. 152, C 12

47 000 Einwohner
Stadtplan ▶ S. 115

Wo die Wüste das Meer küsst, lockt eine der Touristenhochburgen Israels. Am südlichsten Ort des Landes treffen Naturliebhaber und Wassersportler auf Shoppingfreunde und alle, die besonderen Wert auf Nachtleben legen. Das ganze Jahr über herrschen herrliche Temperaturen und deshalb entsprechender Betrieb. Wer zum ersten Mal nach Eilat fährt oder fliegt, wird vermutlich erschrecken: Riesige Hotels dominieren die Skyline des Ortes. Außerdem schlägt der Flughafen eine Schneise mitten durch die Stadt. Aber wer an einem Strand des 12 km langen Küstenstreifens liegt und auf das glitzernde Wasser sieht, wer am Riff schnorchelt, taucht, wandert oder die Nächte durchtanzt – der vergisst schnell die Betonburgen. Eilat hat etwa 11 000 Hotelzimmer und mehr als eine Million Übernachtungen pro Jahr. Tendenz steigend. Am nicht sehr breiten Nordstrand kann es schon mal eng werden, ruhigere Plätzchen sind Richtung Coral Beach im Süden zu finden.

Inzwischen laufen die Planungen für einen internationalen Flughafen etwa 20 km nördlich der Stadt auf Hochtouren. Der Bau des Timna-Airports mit einer 3,6 km langen Start- und Landebahn soll 1,7 Milliarden Dollar kosten.

Der Hafen ist der einzige Zugang zum Roten Meer, exportiert wird Pottasche, Importwaren sind vor allem Autos.

Viele Touristen nutzen Eilat auch als Standort für Ausflüge auf den Sinai (Mosesberg, Katharinenkloster) oder sogar in die Felsenstadt Petra in Jordanien.

SEHENSWERTES

Coral Beach Naturreservat 10
▶ S. 115, b 3

Mit dem Doktorfisch Auge in Auge, der Kaiserfisch ist zum Greifen nahe: Hunderte Fischarten sind hier unterwegs, es gibt um die 150 verschiedenen Korallenarten. Einmalig: Das Coral Reef in Eilat ist das nördlichste tropische Riff der Welt, umgeben von Wüste. Außer auf der jordanischen Seite und auf dem Sinai findet man solche farbenfrohen Riffs nur in den Tropen. Etwa 1 km des 4 km langen Riffs gehört zu einem Naturreservat, in dem zwei Stege über die Korallen ins Wasser führen. Man schnorchelt entlang der Riffwand. Heftige Stürme in den vergangenen Jahren haben Schaden angerichtet und viele Korallen abgerissen. Zum Reservat gehört ein Strand mit schattigen Plätzchen. Maske und Schnorchel können gemietet werden (16 NIS).
Tel. 08/6 37 68 29 • www.parks.org.il • tgl. 9–17/18 Uhr (Winter/Sommer) • Eintritt 33 NIS, Kinder 20 NIS

Dolphin Reef ▶ S. 115, b 3

Zurzeit sind sie zu acht und zaubern Kindern wie auch Erwachsenen ein Dauerlächeln ins Gesicht: Yampa, Nana, Dana und Co., die Delfine von Eilat, die in ihrem vom Meer abgetrennten Bereich leben und mit den Besuchern Kontakt aufnehmen, wenn es ihnen passt. Sechs Jahre lang gab es einen Weg ins offene Meer, aber weil die Tiere nicht überall in der Bucht auf (menschliche) Freunde stießen und ihr Schutz nicht gewährleistet werden konnte, musste das Unterwassertor wieder geschlossen werden. Das Dolphin Reef ist auch bekannt für Therapiearbeit mit verhaltensgestörten Kindern, denen der Kontakt mit den Delfinen offenbar sehr hilft.

Man kann gut einen Tag in dem Resort verbringen – am Strand, auf einem schwimmenden Steg oder zwischendurch mit den Tieren im Wasser. Schnorcheln (ab 280 NIS) oder Tauchen (ab 320 NIS) müssen aber vorab gebucht werden.
Coral Beach • Tel. 08/6 30 01 11 • tgl. 9–17 Uhr • www.dolphinreef.co.il • Eintritt 64 NIS, Kinder 44 NIS

Ice Space ▸ S. 115, c 3

Vor allem Kinder haben Spaß mit der Eisrutsche und den Skulpturen bei -10°C. Anoraks, Handschuhe und warme Filzschuhe gibt's am Eingang. Für die Großen interessant: die Eisbar mit einer guten Auswahl an Spirituosen.
Marina • Tel. 08/6 33 78 84 • Mo–Sa 10–1, So ab 17 Uhr • Eintritt 54 NIS, Kinder 48 NIS

Relaxation Pools ▸ S. 115, b 3

Im Dolphin Reef sind in einem abgetrennten Bereich drei Pools (Meerwasser, Regenwasser, Salzwasser, alle 35°C warm), in denen man sich einfach nur treiben lässt und entspannt. Je nach Tageszeit werden Säfte oder Wein serviert. Im Eintrittspreis sind Getränke, Handtücher und der Eintritt ins Dolphin Reef enthalten. Man fühlt sich ein bisschen wie im Luxus-Baumhaus im Regenwald. Eintritt erst ab 18 Jahren.
Coral Beach • Tel. 08/6 30 01 11 • tgl. 9.30–2.30 Uhr • www.dolphinreef.co.il • Eintritt ab 150 NIS (2 Std.)

Underwater Observatory Marine Park ▸ S. 115, südl. b 3

Nicht-Schnorchler und Nicht-Taucher haben hier die ideale Gelegenheit, 6 m unter der Wasseroberfläche Fische ganz aus der Nähe zu beobachten, ohne nass zu werden. Vom weithin sichtbaren weißen Observatorium (im Turm ist ein Restaurant) legt auch ein U-Boot mit großen Fenstern unter der Wasseroberfläche ab. Im Park gibt es ein Hai-Becken, große Wasserschildkröten, ein Streichel-Becken und stündlich einen nicht so aufregenden Film im Oceanarium. Zwischen 11 und 15 Uhr wird halbstündlich gefüttert.
Coral Beach • Tel. 08/6 36 42 00 • So–Do 8.30–17, Fr 8.30–16 Uhr • Eintritt 89 NIS, Kinder 69 NIS

ÜBERNACHTEN

Leonardo Plaza ▸ S. 115, c 3

Mit Privatstrand • Das Leonardo verfügt über einen herrlich großen Pool unter Palmen, ein Kinderbecken, aber eben auch einen Privatstrand. Die großen, modern eingerichteten Zimmer haben alle einen Balkon. Wer zu müde ist zum Bummeln: Es gibt fünf Restaurants im gepflegten Haus.
North Shore • Tel. 08/6 36 11 11 • www.leonardo-hotels.de • 301 Zimmer • €€€€–€€€

Orchid ▸ S. 115, südl. b 3

Asiatischer Luxus • Kurz vor der ägyptischen Grenze überrascht dieses Resort im Thai-Stil: spitze Dä-

cher, luftige Räume mit Holz und hellen Bezügen. Der Blick über die Bucht ist unbezahlbar, die Anlage ist sehr gepflegt. Die Villen haben eigene Sonnendecks mit Jacuzzis.
South Beach • Tel. 08/6 36 03 60 • www.orchidhotel.co.il • 185 Zimmer • €€€€–€€€

Isrotel Yam Suf ▶ S. 115, südl. b 3

Ruhige Lage • Das ehemalige Ambassador-Hotel liegt weit weg vom hektischen Nachtleben, südlich der Stadt. Die Zimmer mit Balkon haben alle einen herrlichen Blick, es gibt große Pools und schöne Liegeplätze sowie zwei Tauchclubs.
Coral Beach • Tel. 08/6 38 77 99 • www.isrotel.com • 256 Zimmer • €€€

SPNI Field School
▶ S. 115, südl. b 3

Für Naturliebhaber • Hier treffen Taucher und Wanderer aufeinander, die es gerne einfach haben. Spartanisch eingerichtete Zimmer.
Coral Beach • Tel. 08/6 37 11 27 • 50 Zimmer • €

ESSEN UND TRINKEN

Neben großzügigen Buffets in den Hotels gibt es inzwischen auch eine gute internationale Küche.

Boston Fish & Grill
▶ S. 115, östl. c 3

Angenehme Stimmung • Zum Mittagessen treffen sich im Boston die Geschäftsleute. Aber abends geht es

Das Touristenzentrum Eilat (▶ S. 113) ist bei Badetouristen und Wassersportlern beliebt. In der Marina findet man Bootsvermieter für Boote aller Größenordnungen.

auf der Terrasse richtig stimmungsvoll zu, es gibt dezente Live-Musik zum hervorragenden Fisch oder saftigen Steak.
Promenade beim Royal Beach Hotel • Tel. 08/6 33 30 07 • tgl. 12–23 Uhr • www.boston-grill.co.il • €€€€–€€€

Ginger Asian Kitchen and Bar ▶ S. 115, b 3
Asiatische Verführung • Man sitzt auf gemütlichen Sofas, blickt über die Stadt auf die jordanischen Berge – und genießt entweder Sushi oder die kreativen Reis- und Nudelgerichte sowie Straußenfilet.
New Tourist Centre, Yotam Rd. • Tel. 08/6 37 25 17 • tgl. 12–24 Uhr • www.gingereilat.com • €€€

La Cucina ▶ S. 115, c 3
Toller Italiener • Pizza Funghi ist hier nicht gleich Pizza Funghi: Das Trüffelöl macht's! Und natürlich werden auch leckere Fisch-, Fleisch- und Pastagerichte serviert.
Promenade beim Isrotel Royal Beach Hotel • Tel. 08/6 36 89 32 • tgl. 18.30–23 Uhr • €€€

Sabrest ▶ S. 115, c 3
Lokale Küche • Im internationalen Restaurantwettbewerb setzt das Sabrest auf einheimische israelische Küche: Hier gibt es als Vorspeise die Mezze, die vielen Salate. Wer dann noch Platz hat, dem sei das Lamm mit Fladenbrot oder schlicht der Fisch des Tages empfohlen.
Coral Beach • Tel. 08/6 37 98 30 • tgl. 12.30–23 Uhr • €€€

The Last Refuge ▶ S. 115, südl. c 3
Berühmtestes Restaurant • Israelische Prominenz speist hier unter niedrigen bemalten Decken ebenso wie hungrige Taucher vom Strand

nebenan. Es gibt allein acht verschiedene Shrimps-Variationen, ganz zu schweigen von der riesigen Fisch-Karte.
Coral Beach • Tel. 08/6 37 24 37 • tgl. 12.30–23.30 Uhr • €€€

Wang's Grill ▶ S. 115, östl. c 3

Geschmackswelten verschmelzen • Hier trifft die kalifornische die asiatische Küche, und es ist ein Gipfeltreffen. Brasse mit Wasabi und Basilikum-Gnocchi sind ebenso spannend wie Hühnchen, Kürbis und grüner Curry.
Royal Promenade • Tel. 08/6 36 89 89 • So–Do, Sa 19–23 Uhr • €€€

EINKAUFEN

Eilat ist eine Freihandelszone, das heißt, die Mehrwertsteuer entfällt. Südlich des Flughafens bietet das Einkaufszentrum **Hayam Mall** auf drei Stockwerken Kleidung, Schuhe, Schmuck, Kosmetik und Elektronikartikel. Im Zentrum befindet sich die **Shalom Mall**. Entlang der Promenade am Nordstrand sind ebenfalls unzählige Läden. Zunächst läuft man an Buden mit den üblichen Souvenirs, Tüchern, Batikklamotten und Modeschmuck vorbei. Dann kommen die teuren Geschäfte. Sportkleidung gibt es bei **American Duty Sport** (gegenüber von der Hayam Mall).

AM ABEND

Kleine, nette Pubs, Clubs und Hotel-Diskotheken mit Hunderten Gästen sowie Strände, die nachts zur Tanzfläche werden, machen Eilat ebenso berühmt wie Korallenriff und Natur. Die Touristeninformation legt wöchentlich das Infomagazin Events in Eilat mit den aktuellsten Tipps auf.

Park Avenue ▶ S. 115, c 3

Ein israelisches Freizeit-Magazin hat die Bar zur besten in Eilat und einer der drei besten im Land erklärt. Jede Nacht macht hier ein DJ Stimmung. Das Essen wird ebenfalls sehr gelobt.
Park Ofira, vor dem Hotel Dan Panorama • Tel. 08/6 33 33 03 • So–Fr 18–4 Uhr

Platinum ▶ S. 115, östl. c 2

In-Nachtclub im King Solomon's Palace Hotel mit Laser- und Soundeffekten. Montags gibt es hebräische Musik, donnerstags Eintritt ab 25 Jahre, freitags Gay-Partys.
King Solomon's Palace Hotel, Antibes Rd. • Tel. 08/6 36 34 44 • Eintritt ab 60 NIS

Three Monkeys Pub
▶ S. 115, östl. c 3

Die Bar-Szene erfindet sich ständig neu, aber die Drei-Affen-Bar mit großer Terrasse draußen sowie Bar und Tanzfläche innen bleibt ein Magnet für Nachtschwärmer. Jede Nacht gibt es Live-Musik.
Promenade beim Royal Beach Hotel • Tel. 08/6 36 88 00 • tgl. 21–3 Uhr

SERVICE
AKTIVITÄTEN
Bootstouren
Paradise Yacht ▶ S. 115, c 3

An der Marina tummeln sich die Veranstalter mit Jachten, Glasboden-Schiffen und Motorbooten.
Marina • Tel. 08/6 31 63 77 • www.h1h.co.il • Mo–Mi, Fr/Sa 11–15 Uhr

Kamelreiten
Camelranch ▶ S. 115, südl. b 3

Unterschiedlich lange Touren und Outdoor-Aktivitäten für die ganze Familie.

Shlomo River • Tel. 08/6 37 00 22 • www.camel-ranch.co.il

Tauchen und Schnorcheln
Diving Center Dolphin Reef
▸ S. 115, südl. b 3

Am Coral Beach gibt es mehrere Anbieter, Kurse werden auch von den Hotels vermittelt.
Coral Beach • Tel. 08/6 30 01 01 • www.dolphinreef.co.il

Wüstentouren
Desert Eco Tours ▸ S. 115, a 2

Touren in der Gegend von Eilat sowie in ganz Israel und Jordanien und Ägypten.
Zofit Center • Tel. 0 52/2 76 57 53 • www.desertecotours.com

AUSKUNFT
Tourist Information ▸ S. 115, c 3

Hier gibt es Listen mit allen Anbietern sowie hilfreiche Tipps zu Reisen nach Jordanien und Ägypten.
8 Beit Hagesher, Bridge House in der Marina • Tel. 08/6 30 91 11 • So–Do 8.30–17, Fr 8–13 Uhr

VERKEHR
Busse

Um in den Süden zum Coral Beach und zum Grenzübergang Taba zu gelangen, nimmt man am besten Bus 15 (Abfahrt Central Bus Station zur vollen Stunde bis 18, Fr bis 13 Uhr). Nach Tel Aviv dauert eine Fahrt 5, nach Jerusalem 4,5, nach Mitzpe Ramon 2,5 Stunden.
Egged-Bus • Tel. 03/9 14 37 11 • www.egged.co.il

Flüge

Mehrmals täglich gibt es Verbindungen zwischen den Flughäfen Sde Dov und Ben Gurion bei Tel Aviv und Eilat. Nach Haifa gehen drei Mal die Woche Flüge. Günstige Anbieter sind Arkia (Tel. 09/8 64 44 44, * 5758, www.arkia.com), Israir (Tel. 03/7 95 40 38, www.israirairlines.com) und El Al (Tel. 03/9 77 11 11, www.elal.co.il, fliegt nicht am Schabbat).

Taxi

Ein Taxi zur jordanischen Grenze kostet ca. 40 NIS, nach Taba sind es etwa 35 NIS.

Ziele in der Umgebung
◎ International Birding and Research Center ▸ S. 152, C 12

Der Park ist ganzjährig geöffnet, die Hauptzeit des Vogelflugs ist Mitte Oktober bis Mitte April.
Tel. 08/6 33 53 39 • www.eilat-birds.org • Eintritt frei
15 km nördl. von Eilat

◎ Timna Park ▸ S. 152, C 12

Die älteste Kupfermine der Welt stellt sich vor: Schon vor 6000 Jahren wurde hier das Metall abgebaut, davon zeugen noch unzählige Löcher und Schächte im schimmernden Sandstein. Hunderte Millionen Jahre alte Steinformationen in allen Farben heißen z. B. »Pilz« oder »Salomons Säulen«. Ägyptische Bergarbeiter hinterließen zudem Felszeichnungen: Die Bildnisse von Streitwagen sind gut zu erkennen. Durch den 60 qkm großen Park führt eine Straße zu den Attraktionen, es sind aber auch Wanderwege ausgezeichnet. An einem kleinen See gibt es Paddelboote und eine Cafeteria. Hier kann man Flaschen mit dem farbigen Sand der Umgebung füllen und seine eigenen Kupfermünzen prägen. Im Rundbau am Eingang werden Besucher bei

In der Negev-Wüste liegt der Timna Park (▶ S. 118) mit uralten Steinformationen wie dieser pilzförmige Stein, der »The Mushroom Rock« genannt wird.

einer Multimedia-Show von ägyptischen Göttern begrüßt.
Tel. 08/6 31 67 56 • So–Do, Sa 8–16, Fr 8–13 Uhr • www.parktimna.co.il • Eintritt 42 NIS, Kinder 36 NIS
25 km nördl. von Eilat

◎ Yotvata Hai Bar Naturreservat ▶ S. 152, C 11

Aussteigen verboten, auch wenn der neugierige Strauß am Auto kaut! Einen Großteil dieses Parks muss man mit dem Auto erobern, neben Straußenfamilien sind u. a. auch Krummsäbelantilopen unterwegs. Im Raubtierzentrum kann man Wölfe, Schakale und Leoparden betrachten. Und im Dunkelraum ticken die Uhren so, dass sich nachtaktive Tiere auch mittags den Besuchern zeigen. In dem Park werden seit 1968 in Israel ausgestorbene oder vom Aussterben bedrohte Tiere angesiedelt.
Tel. 08/6 37 30 57 • www.parks.org.il • So–Do 8.30–17, Fr/Sa 8.30–15 Uhr • Eintritt 43 NIS, Kinder 22 NIS
35 km nördl. von Eilat

Ein Jeep mit Allradantrieb ist das ideale Fortbewegungsmittel in der Negev-Wüste. Nur ein Kamel ist für diese Landschaft besser geeignet.

Touren und $\quad$ Ausflüge

Klein, aber oho: Auf kleiner Fläche erlebt man unterschiedlichste Landschaften und Freizeitangebote. Die Distanzen sind kurz, aber man sollte sich Zeit nehmen.

Von Tel Aviv bis Rosh Hanikra – eine Küstenfahrt mit vielen Attraktionen

CHARAKTERISTIK: Auto- oder Bustour entlang der Mittelmeerküste bis zur libanesischen Grenze **DAUER:** 1–3 Tage **LÄNGE:** 280 km hin und zurück **EINKEHRTIPP:** Doña Rosa (▸ S. 50), Ein Hod, Tel. 04/9 54 37 77, www.ein-hod.info €€€€–€€€. Weitere gute Restaurants gibt es in Caesarea, Haifa, Akko, Nahariya **ÜBERNACHTUNGSTIPP:** The Colony Hotel (▸ S. 54), 28 Ben Gurion Blvd., Tel. 04/8 51 33 44, www.colony-hotel.co.il €€

KARTE: S. 148, C 4 – S. 149, D 1

Wer die Strecke als Tagestour machen möchte, sollte als Stopps Haifa, Akko und maximal noch Rosh Hanikra einplanen. Für einen 2–3-tägigen Ausflug werden Übernachtungen zwischen Haifa und der Grenze empfohlen.

Tel Aviv ▸ Caesarea
Auf der 90 km langen Strecke von Tel Aviv nach Haifa fahren Sie auf der Straße 2 zunächst an Herzliya mit den Residenzen der Botschafter fernab der Autobahn und dann an Netanya vorbei, dem beliebten Urlaubsort mit schönen Stränden.
Nach 60 km kommen Sie zu den Ruinen des einst wichtigsten Hafens in Palästina: **Caesarea**. König Herodes hat der Stadt ihren Namen gegeben, es war seine prächtigste. Paläste entstanden und ein großes Amphitheater. Für den Nationalpark mit den Ruinen, auch aus der Kreuzfahrerzeit, sollten gut 1–2 Std. eingerechnet werden. 10 km weiter nördlich bietet sich ein Abstecher nach **Zichron Yaakov** an, zur **Weinverkostung** bei der Carmel Winery und bei Tishbi oder zum Galerienbummel in der Fußgängerzone.

Caesarea ▸ Ein Hod
Wer als Nächstes das **Künstlerdorf Ein Hod** besuchen möchte, sollte auf der Straße 4 rund 12 km nach Norden fahren und dann rechts dem ansteigenden Hügel folgen. Der erste große Mittagessenhunger wird ganz sicher bei **Doña Rosa** gestillt. Neben den Studios und Werkstätten mit Keramiken, Malereien, Skulpturen und Fotografien gibt es in dem kleinen Dorf mit dem herrlichen Blick aufs Meer auch das **Janco-Dada-Museum**.

Ein Hod ▸ Haifa
Der nächste Stopp ist nur noch gut 15 km entfernt und heißt **Haifa**. In der Hafenstadt mit 270 000 Einwohnern befindet sich eines der bekanntesten Fotomotive Israels: die **Bahai-Gärten** 2 mit dem Schrein des Bab. Nach einem Blick auf die akkurat bepflanzten Terrassen wird es aber Zeit, irgendwo einzuchecken und das Sightseeing auf den nächsten Tag zu verschieben.
Nach einer Fahrt mit der Karmelit-U-Bahn laufen Sie entlang der Louis-Promenade (toller Blick) zu den Bahai-Gärten (nur geführte Touren) und dann den Berg hinab zum Schrein, der ebenso wie die unteren Gärten besichtigt werden kann (9–12 Uhr). Der Weg zum Schrein führt am wunderschönen **Skulpturengarten** vorbei, in dem 29 Figuren der Künstlerin Ursula Malbin stehen. Am Fuß des Berges, in der Ben-

Gurion-Straße, informieren Schilder über die Entstehung der **German Colony**, heute ein Stadtteil mit toller Ess-Meile. Hier existierte eine von sieben Kolonien schwäbischer Pietisten, die seit 1868 ins Land gekommen waren und für die damalige Zeit moderne Technik mitgebracht hatten. Ihr Aufenthalt endete während des Zweiten Weltkriegs, als viele Templer NSDAP-Mitglieder waren – die Briten deportierten sie nach Australien.

Haifa ▶ Akko

Haifa hat natürlich noch viel mehr zu bieten, aber aus Zeitgründen sollten Sie nun Richtung Akko aufbrechen, das nach etwa 30 Min. Fahrt erreicht wird.

Die arabische **Altstadt Akkos** 3 mit dicken Mauern, der El-Jazzar-Moschee, der unterirdischen Kreuzfahrerstadt, Karawansereien und Märkten wurde bereits zum UNESCO-Weltkulturerbe erklärt. An der Touristeninformation gibt es Tickets für die Attraktionen und einen Audioguide. Im Markt können Sie bei Kurdi und Berit Gewürze (▶ Merian Tipp, S. 60) in orientalische Düfte eintauchen. Ein Besuch der Altstadt dauert gut 3–4 Std.

Akko ▶ Nahariya

Der nächste größere Ort, **Nahariya**, eignet sich für eine Badepause.
Ein paar Kilometer noch, dann lassen Funkmasten auf der Anhöhe die libanesische Grenze schon von Weitem erkennen.

Nahariya ▶ Rosh Hanikra

Attraktion sind die **Kreidefelsen und die Grotten von Rosh Hanikra**, die Sie per Seilbahn erreichen. Ein 400 m langer, teils feuchter Pfad führt durch die Höhlen.
Von hier aus beträgt die reine Fahrzeit zurück nach Tel Aviv etwa 3 Std.

Caesarea (▶ S. 49) war eine antike Stadt Palästinas. Das renovierte antike Theater wird heute für Musik- und Theateraufführungen vor der Kulisse des Mittelmeers genutzt.

Von Tiberias auf die Golanhöhen – Von Naturschönheit zu Naturparadies

CHARAKTERISTIK: Autotour entlang gewundener Straßen mit tollen Aussichten **DAUER:** 2 Tage **LÄNGE:** 210 km **EINKEHRTIPPS:** Dag al HaDan (▸ S. 77), bei HaGoshrim, Tel. 04/6 95 02 25, www.dagaldan.co.il, tgl. ca. 10–24 Uhr €€ • The Witch and the Milkman (▸ S. 84), bei Neve Ativ, Tel. 04/6 87 00 49, www.witch.co.il, tgl. 10–23 Uhr €€€ **ÜBERNACHTUNGSTIPP:** Peace Vista Country Lodge (▸ S. 84), Kibbuz Kfar Haruv, Golan Heights, Tel. 04/6 76 17 67, www.mitzpe-hashalom.co.il €€€–€€
KARTE: S. 149, E 2

Es hat etwas Rührendes, wenn ein kleiner Vogel in ein Filmdöschen gesteckt und gewogen wird und man das Tierchen dann fliegen lassen darf. Im **Vogelreservat Agamon HaHula** können Besucher diese schöne Erfahrung machen (an der Kasse fragen) und sich darüber hinaus an unzähligen Vögeln und anderem Getier in dem Park erfreuen.

Tiberias ▸ Agamon HaHula

Agamon HaHula erreichen Sie, indem Sie 45 km nördlich von Tiberias von der Straße 90 rechts abbiegen. Das Reservat hat einen 8,5 km langen Rundweg um einen See mit mehreren Vogelbeobachtungsplätzen und der Beringungsstation. Fahrräder und Golfcarts werden am Eingang vermietet.

Eine halbe Milliarde Zugvögel fliegen im Herbst und Frühjahr über dieses Gebiet. Viele erholen sich vor oder nach dem Flug über 3000 km Wüste. Im Park selbst überwintern von Oktober bis Ende Februar etwa 30 000 Kraniche und machen einen unglaublichen Krach. Tribünenähnliche Traktoranhänger bringen die Besucher mitten in die Kolonie.

Wer von der Seerundfahrt Lust auf mehr Wasser bekommen hat, kann sich im etwa 10 km entfernten Kibbuz Kfar Blum ein Kajak für eine Fahrt auf dem Jordan mieten (Tel. 0/46 90 33 88).

Oder man fährt einfach gleich in eines der schönsten Restaurants in der Gegend: **Dag al HaDan**, Fisch aus dem Dan-Fluss. Die Gäste sitzen unter Weiden, neben den Tischen plätschert der Dan, die Forellen springen quasi auf den Teller. Auch hier kann man Kajaks mieten.

Agamon HaHula ▸ Nimrod Fortress National Park

Im Winter schließen Nationalparks um 16, im Sommer um 17 Uhr. Deshalb muss man leider auf die Zeit achten, wenn es auf der Straße 99 weiter Richtung Osten zunächst zum **Banias Naturreservat** mit einem der Jordan-Quellflüsse und dann links weg auf der Straße 989 zum **Nimrod Fortress Nationalpark** geht (beide Nationalparks gehören bereits zum besetzten Golangebiet). Vermutlich ließ ein Neffe Saladins die gewaltige Nimrod-Festung (der Komplex ist 450 m lang und 150 m breit) zu Beginn des 13. Jh. erbauen, um einen Vorstoß der fünften Kreuzzüge zu verhindern.

Im Skiort **Neve Ativ** im Schatten des Mount Hermon oder im größten Drusenort auf dem Golan, **Majdal**

Shams an der Grenze zu Syrien, gibt es Übernachtungsmöglichkeiten. Nur ein paar Minuten Autofahrt entfernt lädt eines der urigsten Restaurants zu dampfenden Kasserollen ein: The Witch and the Milkman in Nimrod bei Neve Ativ.

Nimrod Fortress Nationalpark ▶ Mount Bental

Am nächsten Tag geht es auf der Straße 98 erstmal etwa 25 km Richtung Süden. Ziel ist der 1171 m hohe **Mount Bental**. Ein syrischer Bunker sowie lebensgroße Blechfiguren in Schusspositionen erinnern an den Krieg 1967. Man blickt in den Libanon und nach **Kuneitra**, einst die wichtigste Stadt der Syrer auf dem Golan. Sie war von den Israelis besetzt, wurde zerstört (es gibt Streit darüber, von wem) und liegt heute in einer UN-kontrollierten Zone.

Spätestens jetzt ist es Zeit für die erste Weinprobe: entweder im Kibbuz Kidmat Zvi die **Ein Nashut Winery** der Bell Ofri Farm. Oder beim größten Hersteller des Landes, der **Golan Heights Winery** in Qatzrin (Tel. 04/6 96 84 35) – jeweils nach Voranmeldung.

Mount Bental ▶ Kibbuz Aniam

Vom Mount Bental fahren Sie zurück auf die Straße 98, dann 91 Richtung Qatzrin. Nach links auf die Straße 9098 abbiegen, sie führt nach Kidmat Zvi. Ein **Künstlerdorf** mit sehr hübschen Läden für die Souvenirjagd und auch Restaurants sind inzwischen der Besuchermagnet im **Kibbuz Aniam**, 7 km von Qatzrin entfernt.

Kibbuz Aniam ▶ Golanhöhen

Naturliebhaber sollten aber auch nicht das **Gamla Naturreservat** verpassen, wo eine große Gänsegeierkolonie ihre Heimat hat. Unterhalb des Aussichtspunktes fliegen die Vögel durchs Tal.

Weiter auf den Straßen 808 und 98 nähert man sich dem südlichen Ende der Golanhöhen und der jordanischen Grenze. 25 km von Gamla

Bunt wie der Kolibri ist die Vogelwelt im Nationalpark Agamon HaHula (▶ S. 76).

entfernt geht es vorher aber noch einmal rechts weg zum **Peace Aussichtspunkt** (Peace Vista). Eine wirklich atemberaubende Aussicht bietet sich: der See Genezareth, gegenüber Tiberias, unterhalb der Brüstung ein Kakteenparadies und der Kibbuz Ein Gev.

Nun gibt es zwei Möglichkeiten: Sie können sich dem Sonnenuntergang hingeben und nebenan in der romantischen Peace Vista Country Lodge einchecken oder zurückkehren ins Nachtleben im 30 km entfernten Tiberias.

Von Jerusalem ans Tote Meer – Weltberühmte historische Stätten und ein salziges Bad

CHARAKTERISTIK: Tagestour mit dem Auto durch Wüstenlandschaft mit Seeblick **DAUER:** 1 Tag **LÄNGE:** 220 km **EINKEHRTIPP:** Buffet im Kibbuz Ein Gedi (▶ S. 104, nur nach Voranmeldung), Tel. 08/6 59 42 22, www.eingedi.co.il €€€
KARTE: S. 151, D 5

Mitten in der Wüste landet man bei null, besser gesagt bei null Meter Meeresniveau. Darauf verweist extra ein Schild an der Straße 1 von Jerusalem ans Tote Meer. Touristenbusse halten hier, Fotoapparate werden gezückt und Runden auf dem stets anwesenden Kamel gedreht – warum auch nicht? Das hier ist eine ungewöhnliche Stelle.

Tatsächlich hat man bisher 800 Höhenmeter von Jerusalem kommend durch besetztes Westjordanland zurückgelegt. Seit ein paar Jahren mischen sich auf dieser Straße wieder weiße und grüne palästinensische Kennzeichen mit den gelben israelischen.

Und jetzt geht es noch mal 400 m runter an den tiefsten Punkt der Erde: das **Tote Meer** 8.

Jerusalem ▶ Qumran

Zuerst kommt die Kultur: Bereits 9 km nach dem Abzweig von der Straße 1 rechts auf die Straße 90 liegen rechter Hand die weltberühmten **Höhlen von Qumran**. 1947 suchte hier ein Hirtenjunge nach

Das Tote Meer (▶ S. 103) mit seinem extrem hohen Salzgehalt und heilendem Wasser sorgt für beeindruckend angenehme Badeerlebnisse an schönen Stränden.

einer Ziege und warf Steine in eine der Höhlen. Er hörte etwas zerschellen und war alarmiert. So begann die Entdeckung der zum Teil mehr als 2000 Jahre alten biblischen Texte in elf Höhlen. In Qumran lebten die strengreligiösen Essener, die die Schriftrollen verfassten. Im Besucherzentrum wird ein Film (auch auf Deutsch) dazu gezeigt, bevor man die Ruinen des Dorfes besichtigt.

Qumran ▶ Festung Massada

Anschließend geht es weiter am See entlang, durch einen Kontrollpunkt zurück auf israelisches Staatsgebiet. Am Kibbuz Ein Gedi fährt man zunächst vorbei bis zur **Festung Massada** (50 km), die seit 2001 zum UNESCO-Weltkulturerbe gehört. Der rötliche, 450 m hohe Felsblock mit dem großen Plateau ist schon von Weitem zu erkennen.

König Herodes ließ Massada während seiner 36 Regierungsjahre ausbauen und durch Mauer und Türme befestigen. An der Nordseite entstand auf zwei Felsvorsprüngen die königliche Residenz. Herodes der Große starb im Jahr 4 v. Chr., und Massada wurde eine römische Garnison. Beim Aufstand gegen die Römer im Jahr 66 nahmen Zeloten, radikale jüdische Kämpfer, die Festung ein. Als die Römer im Jahr 73 oder 74 schließlich vor der Eroberung des Plateaus standen, töteten die Zeloten ihre Familien und anschließend sich selbst. Tod statt Sklaverei und Unterdrückung. Für viele Israelis gilt Massada bis heute als Freiheitssymbol.

Eine Seilbahn führt auf das Plateau, an der Kasse bekommt man einen Übersichtsplan mit den Sehenswürdigkeiten. Der Rundgang durch die ehemaligen Thermen, Lagerräume, den Nordpalast und entlang der Mauer dauert 1–2 Std.

Festung Massada ▶ Kibbuz Ein Gedi

Der Hotelort Ein Bokek 16 km weiter südlich ist die Fahrt nur wert, wenn man dort übernachtet. Deshalb geht es jetzt wieder zurück in den **Kibbuz Ein Gedi**. Nach Voranmeldung können sich auch Gäste von außerhalb am Hotel-Buffet bedienen. Anschließend empfiehlt sich ein Spaziergang durch den botanischen Garten mit mehr als 1000 Pflanzenarten.

Der Kibbuz betreibt ein Spa mit Zugang zum Toten Meer, allerdings muss man inzwischen mit einem Bähnchen etwa 1 km zum Wasser fahren, das pro Jahr um einen Meter sinkt. Besseres Baden verspricht zurzeit noch der **Mineral Beach**, 15 km nördlich von Ein Gedi. Beim Eingang lockt schon ein heißes Schwefelbad. Man sieht es Menschen an, wenn sie zum ersten Mal im Toten Meer baden. Dieser überraschte Gesichtsausdruck und dann das Strahlen, wenn sie merken: Stimmt, ich bleibe oben, ich kann hier wirklich eine Zeitung lesen. Richtig schwimmen kann man hier gar nicht, weil die Füße aus dem Wasser ragen.

Nach diesem einmaligen Badeerlebnis sollte man noch das Nachmittagslicht genießen, wenn der Dunst weg, der Blick auf die jordanischen Berge frei ist und das Wasser türkis schimmert.

Kibbuz Ein Gedi ▶ Jerusalem

Die Fahrt zurück nach Jerusalem dauert etwa eine Stunde. Besuche entlang der Strecke, zum Beispiel das St. Georgskloster oder Jericho passen zeitlich nicht in diese Tour, sondern sollten für einen anderen Tag eingeplant werden.

Von Eilat nach Mitzpe Ramon – Naturerlebnis Wüste mit tierischen Überraschungen

CHARAKTERISTIK: Autotour auf sehr guten Straßen **DAUER:** Je nach Anzahl der Übernachtungen 2–3 Tage **LÄNGE:** 310 km hin und zurück **EINKEHRTIPPS:** HaHavit (▶ S. 111), Mitzpe Ramon, Nahal Tsiya Rd., Tel. 08/6 58 82 26, tgl. 8–2 Uhr €€€ • Restaurant-Hotel Chez Eugène (▶ S. 110), Har Ardon 8/1, Mitzpe Ramon, Tel. 08/6 53 95 95, www.mitzperamonhotel.co.il, So–Mi 19–22, Do 12–17, 19–22, Fr 12–16, 18.30–22, Sa 12–22 Uhr €€€ **ÜBERNACHTUNGSTIPP:** Isrotel Ramon Inn (▶ S. 110), Mitzpe Ramon, 1 Ein Akev St., Tel. 08/6 58 88 22, www.isrotel.co.il €€€

KARTE: S. 152, C 12

Das Rote Meer und seine Verlockungen zu verlassen mag nicht so einfach sein, aber es lohnt sich für das bevorstehende Naturerlebnis.

Eilat ▶ Timna Park
Auf der Straße 90 fahren Sie Richtung Norden entlang des imposanten Edomgebirges auf der jordanischen Seite. Nach 25 km erreicht man den herrlichen **Timna Park** 🐾, einen 60 qkm großen Naturpark mit den ältesten Kupferminen der Welt (6000 Jahre), fantastischen Gesteinsformationen, alten Felsmalereien und einem See zum Rudern. Dort gibt es auch eine Cafeteria. Beeindruckend sind u. a. die 50 m hohen Salomon-Säulen, die durch Erosion des Sandsteins entstanden. Zu allen Attraktionen führt eine Straße, nur die letzten Meter läuft man. 2 Std. sollten eingeplant werden.

Timna Park ▶ Yotvata Hai Bar Naturreservat
10 km weiter nördlich wartet die die nächste Attraktion, das **Yotvata Hai Bar Naturreservat** 🐾, das man sich aber auch für den Rückweg aufheben kann. Der Tierpark hat es sich zur Aufgabe gemacht, in der Region ausgestorbene Tierarten wieder anzusiedeln oder vom Aussterben bedrohte Rassen zu schützen. Neben einem Haus mit nachtaktiven Tieren und einem Raubtierzentrum, in dem sich Mensch, Schakal und Leopard neugierig anschauen, gilt die Autosafari als Highlight. Gleich hinter dem Eingang warnt ein Schild davor auszusteigen. Entlang der Straße tummeln sich an den Futterstellen u. a. Afrikanische Wildesel, Krummsäbelantilopen, weiße Antilopen, Gazellen und Strauße.

Yotvata Hai Bar Naturreservat ▶ Mitzpe Ramon
Beim Öko-Kibbuz Lotan biegen Sie links auf die Straße 40 Richtung Mitzpe Ramon ab. Jetzt kommt dieser Teil Israels, in dem man sich gar nicht vorstellen kann, dass das ganze Land nur etwa so groß ist wie Hessen. Die Negev-Wüste wirkt riesig. Mit 12 000 qkm nimmt sie immerhin 60 % des Landes ein. Die größte Trockenwüste der Welt, die Sahara, misst allerdings 9 Millionen qkm.
Aber eines hat die Sahara nicht: einen **Machtesh Ramon**, den größten Erosionskrater der Welt. Wenn man nach etwa 100 km Fahrt am Horizont einen langen rötlichen Streifen sieht, dann fährt man schon durch den Krater auf den Rand zu,

der von hier aus betrachtet mehrere Hundert Meter in die Höhe ragt. Im Ramon-Krater wurden 200 Millionen Jahre alte Gesteinsformationen entdeckt. Er ist 40 km lang, 2 bis 10 km breit und bis zu 500 m tief. Das Städtchen **Mitzpe Ramon** liegt am Nordrand des Kraters. Hierher kommt man, um den Blick in den Krater zu genießen oder durchzuwandern. Die renovierte Touristeninformation direkt am Ramon-Rand (geplante Neueröffnung April 2012) zeigt anhand eines 3-D-Modells die Entstehungsgeschichte der Landschaft. Hier gibt es auch Tipps zu Wanderungen in der Gegend. Wenn man ca. 300 m nach Süden geht, kommt man zum »Vogel-Balkon«. Im kleinen **Wüstenzoo Bio Ramon** leben Echsen, Schlangen, Wüstenratten, Geckos und Stachelschweine. Außerhalb des Ortes gilt die **Alpaka-Farm** (▶ MERIAN-Tipp, S. 110) 🦙

als Besuchermagnet. 250 dieser freundlichen Tiere wohnen dort mitten in der Wüste, zusammen mit Lamas, Pferden und einem Kamel. Nach Voranmeldung kann man mit Alpaca und Picknick zum Kraterrand laufen (30 Min.).

Hier gibt es auch eine Übernachtungsmöglichkeit in einem Gästehäuschen, oder man bleibt im Ort in einer der Pensionen oder Hotels. Nach dem Abendessen wartet noch ein Highlight: der unglaublich klare und dunkle Himmel über dem Krater. Angeboten werden zweistündige **Sternentouren**.

Am zweiten Tag bietet sich nun eine Wanderung an oder eine **Jeep-Tour** in den Krater. Shopping ist auch eine Option: Im ehemaligen Industriegebiet haben sich Künstler, Designer und eine Öko-Seifenfabrik angesiedelt. Die Fahrt zurück nach Eilat dauert 2 bis 2,5 Stunden.

Die Straußenfamilie in dem Yotvata Hai Bar Naturreservat (▶ S. 119) hat immer Vorfahrt, auch wenn sie den Safaritouristen gerne mal die Straße versperrt.

Eingang zum griechisch-orthodoxen Souk Aftimos, einem modernen Einkaufsviertel in Jerusalems Altstadt (▶ S. 89). Auch hier wird gehandelt!

Wissenswertes über Israel

Nützliche Informationen für einen gelungenen Aufenthalt: Fakten über Land, Leute und Geschichte sowie Reisepraktisches von A bis Z.

Auf einen Blick

Mehr erfahren über Israel – Informationen über Land und Leute, von Bevölkerung über Politik und Sprache bis Wirtschaft.

AMTSSPRACHEN: Hebräisch, Arabisch
BEVÖLKERUNG: 75,3 % Juden, 20,5 % Araber, 4,2 % andere
EINWOHNER: Israel 7,75 Mio. (einschließlich besetzte Gebiete), Autonome Palästinensergebiete 4,1 Mio.
FLÄCHE: 20 766 qkm (innerhalb der Waffenstillstandslinien von 1949)
HAUPTSTADT: Jerusalem (international nicht anerkannt)
HÖCHSTER BERG: Mount Meron, 1208 m
INTERNET: www.gov.il
RELIGION: Judentum, Islam, Christentum, Bahai, Samaritaner
STAATSFORM: Parlamentarische Demokratie ohne schriftliche Verfassung
STAATSOBERHAUPT: Staatspräsident Schimon Peres seit 2007
VERWALTUNG: 6 Bezirke, 15 Unterbezirke
WÄHRUNG: Neue Israelische Schekel (NIS) = 100 Agorot

Bevölkerung

Mit Einwanderern aus mehr als 120 Ländern ist Israel das Beispiel für eine multikulturelle Gesellschaft schlechthin. Die Bevölkerung hat sich seit der Staatsgründung 1948 nahezu verzehnfacht. 70 % der rund 5,84 Millionen Juden wurden in Israel geboren. Knapp eine halbe Million Israelis leben zurzeit in Siedlungen im Westjordanland oder im 1980 an-

◄ Ein Mönch entzündet Öllampen in der Grabeskirche (▶ S. 91) in Jerusalem.

nektierten arabischen Ostteil Jerusalems.

Die zweitgrößte Bevölkerungsgruppe sind die Araber, mehrheitlich Muslime. Außerdem gibt es noch christliche Araber sowie die Minderheit der Drusen.

Seit 1989 wanderten knapp eine Million Menschen aus der früheren Sowjetunion ein. Und selbst heute ist Israel noch ein klassisches Einwanderungsland. 2010 immigrierten 24 500 vor allem jüdische Menschen. Knapp 76 000 deutschstämmige Juden leben laut Statistikbehörde noch in Israel.

Politik

Israel definiert sich als jüdischer und demokratischer Staat. Zwar gibt es keine Verfassung, aber die Unabhängigkeitserklärung legte Grundwerte wie Freiheit oder Gleichheit fest. Darüber hinaus gibt es einzelne Grundgesetze sowie Rechtssprechungen des Obersten Gerichts. Der Staatspräsident wird einmal für sieben Jahre gewählt. Er hat zwar eigentlich nur repräsentative Aufgaben, mischt sich aber hin und wieder in die Tagespolitik ein. Die entscheidende Macht hält aber der Ministerpräsident in den Händen.

In Israel gibt es ein Mehrparteiensystem. Im Parlament sitzen nach der Wahl von 2009 derzeit 120 Abgeordnete von 13 Parteien. Das hat zwei Gründe: Zum einen gibt es bei Wahlen nur eine Sperrklausel von zwei Prozent. Zum anderen repräsentieren viele kleinere Parteien bestimmte Bevölkerungsgruppen, wie beispielsweise strenggläubige Juden oder aber Araber, russische Einwanderer und Ultrarechte.

Sprache

Obwohl Hebräisch und Arabisch in Israel offizielle Amtssprachen sind, kommt man generell auch gut mit Englisch über die Runden. Sehr hilfreich ist auch, dass Orts- und Straßennamen in allen drei Sprachen geschrieben werden.

Die arabischen Hoteliers, Händler und Kellner haben sich längst auf das Sprachwirrwarr der Touristen eingestellt. Ein Einkauf oder Essen sollte daher in den vornehmlich von Arabern bewohnten Landesteilen nicht an der Sprache scheitern.

Wirtschaft

Aus dem ehemaligen Agrarstaat Israel ist längst ein Hightech-Land geworden. Nur noch 1,7 % der drei Millionen Beschäftigten arbeiten in der Landwirtschaft. Bio- und Nanotechnologie, pharmazeutische Industrie und Software made in Israel spielen eine international führende Rolle. Außerdem ist Israel auch weltweit führend im Diamantenhandel.

Deutschland ist der wichtigste Handelspartner Israels in der EU.

Israel hat die weltweite Wirtschafts- und Finanzkrise gut überstanden. Ein Grund dafür ist das konservative Verhalten der Banken, die sich nicht an Immobilienspekulationen im Ausland beteiligten. Die israelische Wirtschaft wuchs 2010 um 4,5 %. Das Bruttoinlandsprodukt pro Kopf lag bei umgerechnet rund 20 812 Euro.

Israel zieht Jahr für Jahr mehr Touristen und christliche Pilger an. Rund 3,45 Millionen Gäste besuchten 2010 das Heilige Land.

Geschichte

10. Jahrtausend v. Chr.
Erste Siedlungsspuren in Jericho.

1700 v. Chr.
Abraham, Stammvater Israels, kommt nach biblischer Überlieferung aus Mesopotamien nach Palästina.

1300 v. Chr.
Auszug der Israeliten unter Führung von Moses aus Ägypten.

Um 1020 v. Chr.
Mit Saul beginnt die Zeit der Könige.

Um 1000 v. Chr.
König David erobert Jerusalem.

Um 960 v. Chr.
Davids Sohn Salomo lässt den Ersten Tempel bauen.

587 v. Chr.
Der babylonische Herrscher Nebukadnezar II. zerstört den Tempel. Beginn der babylonischen Gefangenschaft.

538–515 v. Chr.
Perserkönig Kyros II. erobert Mesopotamien. Juden kehren aus dem Exil zurück und bauen den Zweiten Tempel.

63 v. Chr.
Beginn der Römerherrschaft.

33. n. Chr.
Jesus wird in Jerusalem gekreuzigt.

691
Kalif Abd al-Malik lässt den Felsendom in Jerusalem bauen.

1099
Die Kreuzfahrer erobern Jerusalem und richten ein Blutbad an.

1187
Sultan Saladin schlägt die Kreuzfahrer bei Hittim und erobert Jerusalem.

1291–1516
Herrschaft der Mamelucken.

1517–1917
Palästina gehört zum Osmanischen Reich. Juden wandern wieder ein.

1896
Theodor Herzl propagiert wegen des Antisemitismus in seinem Buch »Der Judenstaat« die Notwendigkeit eines jüdischen Staates.

1917
Die Briten vertreiben die Türken und werden später Mandatsmacht.

1933
Palästina wird wegen der Judenverfolgung und später des Holocaust in Nazi-Deutschland zum Fluchtort.

29. November 1947
UN-Teilungsplan für Palästina mit einem arabischen und jüdischen Staat. Die Araber lehnen ab.

14. Mai 1948
Ende der britischen Mandatszeit. David Ben-Gurion ruft den Staat Israel aus.

15. Mai 1948
Angriff fünf arabischer Staaten. Laut UN flüchten rund 700 000 Palästinenser oder werden vertrieben.

1949
Chaim Weizmann wird erster Präsident Israels. Die UN nehmen Israel als 59. Staat auf.

1956
Suez-Krieg. Nach der Verstaatlichung des Suez-Kanals durch Ägypten besetzt Israel zeitweise Gaza sowie die Sinai-Halbinsel.

11. April 1961
Prozessbeginn gegen den NS-Kriegsverbrecher Adolf Eichmann. Hinrichtung 1962.

5. Juni 1967
Beginn des Sechstagekrieges. Israel besetzt den Gaza-Streifen, die Sinai-Halbinsel, das Westjordanland, die Golanhöhen sowie den arabischen Ostteil Jerusalems.

6. Oktober 1973
Ägypten und Syrien beginnen den Jom-Kippur-Krieg.

1977
Ägyptens Staatschef Anwar el-Sadat besucht als erstes arabisches Staatsoberhaupt Jerusalem.

1979
Ägypten und Israel unterzeichnen ein Friedensabkommen.

1982
Erster Libanon-Krieg. Israel zerstört die Machtbasis der Palästinensischen Befreiungsorganisation PLO im Libanon.

Dezember 1987
Beginn des palästinensischen Volksaufstandes (Intifada) gegen die israelische Besatzung.

30. Oktober 1991
Konferenz von Madrid wird zum Beginn des Nahost-Friedensprozesses.

1994
Israel und Jordanien schließen Frieden.

4. November 1995
Ministerpräsident Jitzhak Rabin wird von einem jüdischen religiösen Extremisten erschossen.

2000
Israel verlässt den Südlibanon. Die Verhandlungen in Camp David scheitern, Ende September bricht der bewaffnete Volksaufstand der Palästinenser aus.

2003
Der Nahost-Friedensplan (»Road Map«) für eine Zwei-Staaten-Lösung: Die Palästinenser sollen Terror und Gewalt beenden und Israel soll seine Siedlungsaktivitäten einfrieren.

2005
Israel zieht sich aus dem Gaza-Streifen zurück, kontrolliert aber weiterhin die Grenzen.

2006
Zweiter Libanon-Krieg nach der Entführung von zwei israelischen Soldaten.

Jahreswechsel 2008/09
Gaza-Krieg. Israel will den Raketenbeschuss beenden und die herrschende Hamas-Organisation schwächen.

2010
Im September werden Friedensgespräche nach nur drei Wochen wieder auf Eis gelegt.

Sprachführer Hebräisch/Arabisch

Wichtige Wörter und Ausdrücke

Ja – ken – naam
Nein – lo – la
Bitte – bewakascha – min fadlak/ek (m/w)
Danke – toda – schukran
Ich verstehe nicht – ani lo mewin/a (m/w) – ana misch fahem/fahme
Entschuldigung – slichá – ana aasef/aasfe (m/w)
Guten Morgen – boker tov/sabach il cheer
Guten Tag – schalom – assalam u alayykum
Guten Abend – erev tov – masa l'cheer
Hallo – schalom – marhaba
Ich heiße … – schmi …/korim li … – ana ismi …

Zahlen

null – efeß – ßifer
eins – achat – wachad
zwei – schteim – tneen
drei – schalosch – talaate
vier – arba – arba'a
fünf – chamesch – chamse
sechs – schesch – sitte
sieben – schéva – sab'aa
acht – schmoné – tamaanye
neun – téscha – tis'aa
zehn – éßer – aschera
elf – achat eßre – ichdaasch
zwölf – schtem eßre – itnaasch
zwanzig – eßrim – aschrin
einundzwanzig – eßrim ve echad – wachad wa aschrin
dreißig – schloschim – talatiin
vierzig – arba'im – arba'in
fünfzig – chamischim – chamsiin
sechzig – schischim – sittiin
siebzig – schiv'im – saba'iin
achtzig – schmonim – tamaniin
neunzig – tisch'im – tisa`iin
hundert – mea – miyye
tausend – elef – alf

Wochentage

Sonntag – jom rischon – joom il achad
Montag – jom scheni – joom ittneen
Dienstag – jom schlischi – joom ittalaate
Mittwoch – jom revi'i – joom il arba'a
Donnerstag – jom chamischi – joom il chamiis
Freitag – jom schischi – joom il dschuma'a
Samstag – schabbat – joom issabt

Unterwegs

rechts – jemin – jamiin
links – ßmol – schmal
geradeaus – jaschar – duuri
Wie weit ist es nach …? – ma hamerchak le …? – adeesch ba'iid …?
Wie kommt man nach …? – ech megi'im le …? – kiif mumken asal l …?
Wo ist …? – effo …? – ween …?
– die nächste Werkstatt? – hamussach hakarov? – illi elkaradsch ba'ado?
– der nächste Bahnhof/Busbahnhof? – tachanat harakevet hakruva/tachnat ha'otobus hakruva? – mahatta/mahattet il–basaat ildschayya?
– der Flughafen – sde hate'ufa? – il mataar ildschaay?
– die Touristeninformation – merkas meida letajarim? – maktab iste'alamat ilssuah?
– die nächste Bank – habank hakarov? – aqrab bank?

Sprachführer Hebräisch/Arabisch

– die nächste Tankstelle – tanachat hadelek hakruva? – aqrab mahatet banzeen?
Wo finde ich einen Arzt/eine Apotheke? – effo jesch rofé/beit merkachat? – ween balaqi hoon doctor/saydaliyya?
Ich bin krank – ani cholé/cholá – ana maried/a
Ich habe … – jesch li … – aindi …
Magenschmerzen – ke'ev beten – aindi waja'a baten
Wir hatten einen Unfall – haita lanu te'una – saar ma`ana hades
Eine Fahrkarte nach – kartis le … – law samaht tazkira la …

Übernachten

Ich suche ein Hotel – ani mechapes/mechapeset malon – ana bafattesch ala oteel
Ich suche ein Zimmer für … Personen – ani mechapes/mechapeset cheder le … anaschim – ana bafatesh ala ooda la … aschkhaas
Haben Sie noch Zimmer frei? – jesch od cheder panui? – a'indkum mahal faadi?
Ich habe ein Zimmer reserviert – hismanti cheder – ana hajazet la ooda
Wie viel kostet das Zimmer? – kama ole hacheder? – qaddeesch betkalef il ooda?
– mit Frühstück? – im aruchat boker? – ma'a ilftuur?
– mit Halbpension? – im chazi pension? – ma´a wajibteen?
Kann ich das Zimmer sehen? – haim ani jachol/jecholá lirot et hacheder? – mumken aschuuf il ooda?
Kann ich mit Kreditkarte zahlen? – haim ani jachol/jecholá leschalem im kartis aschrai? – btakhdu betakit a'itmad?

Essen und Trinken

Die Speisekarte bitte – efschar lekabel bewakascha et hatafrit? – qaemet il akel law samaht
Die Rechnung bitte – efschar lekabel bewakascha et hacheschbon? – il skhsaab law samaht
Ich hätte gerne einen Kaffee – kafé, bewakascha – biddi kubayet qahwwe
Wo finde ich die Toilette? – effo hascherutim? – ween il hammam?
Kellner – melzár – garrsoon
Frühstück – aruchat boker – ftuur
Mittagessen – aruchat zohorajim – rada
Abendessen – aruchat erev – ascha

Einkaufen

Wo gibt es? effo jesch …? – ween balaqi …?
Wie viel kostet das? – kama se? – bqaddeesch hada?
Haben Sie …? – jesch lechá/lach (m/w) …? – a'indak/ek (m/w) …?
Das ist zu teuer – se joter midai jakár – hada raali ktiir
Geben Sie mir bitte 100 g/ein Pfund/ein Kilo – ten/tni (m/w) li bewakascha mea gramm/chazi kilo/kilo … – a'ati li miyye gram/nuss kilo/kilo
Danke, das ist alles – toda, se hakól – schukran ktiir hada huwe
geöffnet/geschlossen – patu'ach/sagur – maftuh/msakkar
Markt – schuk – suuq
Lebensmittelgeschäft – super/makolet – dukkan
Briefmarken für einen Brief/eine Postkarte nach Deutschland/Österreich/Schweiz – bulim le michtav/gluja le Germania/Ostria/Schweizaria – taabe'a bariid la il maktuub/bitaka la almanya/illnamssa/sweesra

Kulinarisches Lexikon

Arabisch

A
achwe – arab. Kaffee
assir – Saft

B
bandoora – Tomaten
bataata – Kartoffeln
beed – Eier
beetindschan – Aubergine
bihrek – würzig
birra – Bier
burdkaan – Orangen
buuza – Eis

C
chiyaar – Gurken
chubez – Brot

F
falafel – frittierte Kichererbsenbällchen
faßuulya – Bohnen
filfel – Paprika
fuul – Bohnengericht

H
hummus – Kichererbsenbrei

K
karaz – Kirschen
kmaadsch – Fladenbrot
krefuut – Grapefruit
kubbe – Hackfleisch mit Bulgur

L
laban – Joghurt
labane – weißer Käse
lachme – Fleisch
lachmet bakar – Rind
lachmet charuuf – Lamm
lachmet dschaadsch – Huhn
lahmet habasch – Truthahn
lemuun – Zitrone

M
mahschi – mit Reis und Fleisch gefülltes Gemüse
makaroone – Nudeln
martadella – Wurst
mayye – Wasser
mdschaddara – Reis, Linsen, Zwiebeln
milech – Salz
mooz – Bananen
msachan – geröstetes Hühnchen auf Brot

N
nbiid – Wein
nbiid abyad – Weißwein
nbiid achmar – Rotwein

S
samak – Fisch
schammaam – Melonen
schawarma – Grillfleisch
schooraba – Suppe

T
tahina – Sesampaste mit Öl, Knoblauch und Zitronensaft
tamer – Datteln
tiin – Feigen
toome – Knoblauch
tuffach – Äpfel
tuut ard – Erdbeeren

W
waraq dawaali – gefüllte Weinblätter

Z
zahar – Blumenkohl
zataar – Thymian-Gewürz mit Sesam
zeet – Öl
zeet zetuun – Olivenöl
zetuun – Oliven
zibde – Butter

Hebräisch

A
agvania/ot – Tomate/n
amba – würzige Mangosoße
ananas – Ananas

B
babaganoush – Auberginenmus
bassar – Fleisch
bassar bakar – Rindfleisch
beijza – Eier
biira – Bier
bourekas – gefüllte Teigtaschen

C
chalav – Milch
charifa – scharf
chazil – Aubergine
cholent – Ragout aus Fleisch, Bohnen, Kartoffeln, Gerste

D
dag – Fisch
duwdewan – Kirschen

E
egel – Kalbsfleisch

F
falafal – frittierte Kichererbsenbällchen

G
getilte Fish – Fischbällchen
glida – Eis
gwina – Käse

H
hareef – grüne oder rote Chillisoße
hummus – Kirchererbsenbrei mit Sesampaste

J
jain – Wein
jain adom – Rotwein
jain lawan – Weißwein
jerakot – Gemüse

K
kaffe – Kaffee
kaffe im chalav/sukkar – Kaffee mit Milch/Zucker
kewess – Hammelfleisch

L
lechem – Brot
limon – Zitrone

M
maiim – Wasser
marak – Suppe
melach – Salz
melon – Melone
mitz – Saft

N
naknik – Wurst

O
omelette – Omelette
ovv – Hühnchen

S
shakshuka – Eier in Tomatensoße
shawarma – Grillfleisch
schemen – Öl
schum – Knoblauch
steak – Steak

T
tabouleh – Salat aus Bulgur und Gemüse
talé – Lammfleisch
tamar – Datteln
tapu'ach adama – Kartoffeln
tapu'ach ez – Apfel
tarnegol hudu – Truthahn
tchina – Sesampaste mit Knoblauch
te – Tee
te im Nana – Tee mit Minze
tut – Erdbeere

Reisepraktisches von A–Z

ANREISE
MIT DEM FLUGZEUG

Israel ist am einfachsten mit dem Flugzeug zu erreichen. Die Flugzeit beträgt bei Direktflügen in der Regel 3,5 bis 4 Stunden. Die Preise beginnen je nach Saison und Fluglinie bei etwa 230 € für ein Rückflugticket.

Oft günstig, aber dafür länger sind Verbindungen mit Zwischenstopp. Als Faustregel gilt: Alle Flüge vor jüdischen Feiertagen und Ostern sollte man am besten schon Monate vorher buchen.

Alle großen Fluggesellschaften fliegen täglich oder mehrmals die Woche Tel Aviv an: Lufthansa, Austrian Airlines, Swiss, El Al, Air Berlin, Turkish Airlines (mit Zwischenstopp in Istanbul), Germanwings. El Al fliegt nicht am Schabbat.

Der Ben-Gurion-Flughafen liegt etwa 25 km von Tel Aviv und 50 km von Jerusalem entfernt. Nach Jerusalem fahren Busse (nicht am Schabbat), für Tel Aviv gibt es diesen Service nicht. Nach Tel Aviv und Jerusalem sind Sammeltaxen und Taxen (Tel Aviv: ca. 140 NIS, Jerusalem: ca. 250 NIS) im Einsatz. Zwei Mal stündlich fährt ein Zug nach Tel Aviv (15 Min, 14,50 NIS), die Zugfahrt nach Jerusalem dauert allerdings mehr als 2 Std.

Wegen der umfangreichen und sehr gründlichen Sicherheitskontrollen wird bei der Abreise empfohlen, mindestens 3 Std. vor Abflug am Flughafen zu sein.

Auf www.atmosfair.de und www.myclimate.org kann jeder Reisende durch eine Spende für Klimaschutzprojekte für die CO_2-Emission seines Fluges aufkommen.

AUSKUNFT
IN DEUTSCHLAND, ÖSTERREICH UND DER SCHWEIZ
Staatliches Israelisches Verkehrsbüro
www.goisrael.com
– Friedrichstr. 95, 10117 Berlin • Tel. 0 30/2 03 99 70
– Rossauer Lände 41/12, 1090 Wien • Tel. 01/3 10 81 74
– Lintheschergasse 12, 8021 Zürich • Tel. 01/2 11 23 44

BUCHTIPPS

David Grossman: Eine Frau flieht vor einer Nachricht (Hanser 2009) Die Angst einer israelischen Mutter vor dem Militäreinsatz des Sohnes vor dem Hintergrund ihrer eigenen tragischen Erfahrungen.

Sari Nusseibeh: Es war einmal ein Land (Suhrkamp 2009) Der palästinensische Philosoph wuchs in einer arabischen Parallelwelt auf und beschreibt dies in seiner Chronik.

Matt Beynon Rees: Der Verräter von Bethlehem (C.H. Beck 2006) Der erste Mordfall des ersten palästinensischen Privatdetektivs der Literaturgeschichte. Das Buch schildert auch die Palästinensergesellschaft besser als manche Fachliteratur.

Amos Oz: Eine Geschichte von Liebe und Finsternis (Suhrkamp 2006) Die Autobiografie des großen israelischen Schriftstellers über seine Kindheit zeichnet auch ein Bild des jungen Staates Israel.

DIPLOMATISCHE VERTRETUNGEN
Deutsche Botschaft ▸ S. 41, b 2
3 Daniel Frisch St., 19. Stock,
64731 Tel Aviv • Tel. 03/6 93 13 13 •
www.tel-aviv.diplo.de

Deutsches Vertretungsbüro
in Ramallah ▸ S. 151, D 5
13 Berlin St., P.O. Box 1854, Ramallah • Tel. 02/2 97 76 30 • www.ramallah.diplo.de

Österreichische Botschaft
▸ S. 148, C 4

Hachilason St. 12, 6. Stock, 52522 Ramat Gan • Tel. 03/6 12 09 24 • www.bmeia.gv.at/botschaft/tel-aviv

Schweizerische Botschaft
▸ S. 41, a 1

228 Hayarkon St., 63405 Tel Aviv • Tel. 03/5 46 44 55 • www.eda.admin.ch/telaviv

DROGEN

Bei Drogendelikten drohen in Israel je nach Vergehen empfindliche Geld- oder lange Haftstrafen. Bei der Ausreise aus Israel führt Sicherheitspersonal oft am Gepäck oder Laptop Drogentests durch.

FKK

Nackt baden ist an öffentlichen Stränden nicht gestattet. Das gilt auch für oben ohne. Allerdings leben auch in Israel FKK-Freunde (www.naturism.org.il).

FOTOGRAFIEREN

Im Heiligen Land gehen die Motive nicht aus. Ärger gibt es allerdings bei Aufnahmen von Militär- oder Grenzanlagen. Wer Soldaten oder Soldatinnen fotografieren möchte, sollte unbedingt vorher um Erlaubnis fragen. Problematisch sind Aufnahmen von arabischen Frauen oder strengreligiösen Juden aus nächster Nähe. Am Schabbat und hohen jüdischen Feiertagen ist das Fotografieren an der Klagemauer untersagt. In Museen bitte die Hinweisschilder beachten.

GELD

1 NIS	0,20 €/0,25 SFr
1 €	5 NIS
1 SFr	3,96 NIS

Die Währung ist der Neue Israelische Schekel (NIS). Ein Schekel unterteilt sich in 100 Agorot. Es gibt Banknoten zu 20, 50, 100 und 200 NIS, außerdem 1, 2, 5 und 10 Schekel als Münzen.

Banken und Geldwechselbüros wechseln zu unterschiedlichen Kursen. Ein Vergleich lohnt sich. An den Automaten der großen Banken kann man problemlos mit einer EC-Karte Bargeld ziehen. Hotels, Restaurants und Läden akzeptieren gängige Kreditkarten (Visa, MasterCard oder Amex).

INTERNET

www.gov.il/firstgov/english
Info-Portal der Regierung.
www.mfa.gov.il/MFA
Info-Portal des Außenministeriums mit viel Hintergrund über Geschichte, Staat, Wirtschaft und den Nahost-Konflikt.
www.goisrael.com
Info-Portal des israelischen Tourismusministeriums.
www.minfo.ps/English
Info-Portal des palästinensischen Informationsministeriums.
www.englishpal.ps
Infos: Was ist los in den Palästinensergebieten?
www.btselem.org/English
Für Politikinteressierte schreibt die engagierte Menschenrechtsorganisation B'tselem.

www.ochaopt.org
UN-Portal mit interessanten Präsentationen.
www.haaretz.com
Die Website der linksliberalen Tageszeitung Haaretz.
www.jpost.com
Tageszeitung Jerusalem Post.

INTERNETCAFÉS

In den meisten Restaurants und Bars surft man inzwischen kostenlos. Das gilt auch für den internationalen Flughafen Ben Gurion, viele Pensionen sowie kleinere Hotels. Dafür verlangen die meisten großen Hotels richtig viel Geld.

KLEIDUNG

Israel steht für eine legere und informelle Kleiderordnung; vor allem entlang der Küste oder am Roten Meer. Allerdings bleibt einem mit Strandkleidung der Eintritt in religiöse Stätten verwehrt. Mini-Röcke oder Spaghetti-Träger sind tabu.
Wer nicht angestarrt werden möchte, kleidet sich auch in den vorwiegend von Arabern bewohnten Landesteilen und der Altstadt von Jerusalem dezent.
Leichte Kleidung ist immer gut, allerdings können die Abende von November bis April auch in der Küstenregion relativ kalt werden. Als Faustregel gilt, dass Jerusalem etwa 7 °C kühler ist als Tel Aviv.

MEDIZINISCHE VERSORGUNG

Der Abschluss einer Auslandsreisekrankenversicherung ist ratsam, da diese Krankenrücktransporte mitversichert. Sie sind in Israel durch die gesetzliche Krankenversicherung im Heimatland nicht versichert. Ärzte müssen sofort bezahlt werden.

KRANKENHAUS

Krankenhäuser befinden sich u. a. in Jerusalem, Tel Aviv und Haifa.

APOTHEKEN

Apotheken findet man überall. Sie sind in der Regel von 9–21 Uhr geöffnet. Aushänge machen auf Notfallapotheken aufmerksam.

NATIONALPARKS

Unter www.parks.co.il findet man Informationen zu allen Nationalparks im Land (Wegbeschreibung, Erklärung, Öffnungszeiten und auch Eintrittspreise).

NOTRUF

Polizei Tel. 1 00
Notarzt Tel. 1 01
Feuerwehr Tel. 1 22
Heimatschutzfront Tel. 1 25 51 11

POST

Israelische Postämter (hebr. »doar«) erkennt man am weißen Logo auf rotem Grund (www.israelpost.co.il). Öffnungszeiten: So–Do 8–18, Fr bis 12 Uhr, Sa geschlossen. Eine Postkarte nach Europa kostet 4,20 NIS.

REISEDOKUMENTE

Deutsche, Österreicher und Schweizer können mit einem für mindestens sechs Monate gültigen Reisepass einreisen. Israel befindet sich mit den Nachbarländern Syrien und Libanon noch im Kriegszustand. Wer Stempel aus diesen Ländern oder dem Iran im Pass hat, muss bei der Einreise mit einer Sicherheitsbefragung rechnen.
Bitte beachten: Eine Reihe von arabischen und islamischen Staaten gestattet die Einreise nicht mit israelischem Stempel im Reisepass. Isra-

els Nachbarn Ägypten und Jordanien machen keine Probleme. Wer jedoch in andere arabische Länder weiterreisen möchte, sollte einen Zweitpass besitzen. Das Einreisevisum ist für drei Monate gültig.

REISEKNIGGE

In Israel herrscht im täglichen Leben ein 11. Gebot: Du sollst kein »Freier« sein! Freier sind jene armen und bedauernswerten Geschöpfe, die sich ausnutzen lassen oder einfach die Regeln befolgen. Also nicht wundern, wenn jemand vordrängelt oder auf der Autobahn Stress macht. Dieser Schlag von Menschen steht ständig im Wettbewerb, fährt die Ellbogen aus und pflegt sein Ego.

Die Israelis vergleichen sich oft mit einem Kaktus – außen stachlig und innen süß. Wer bei Kleinigkeiten nicht gleich lospoltert, sondern ein Lächeln aufsetzt und nett ist, kommt prima klar. Zu Ausländern sind die Israelis sowieso immer einen Tick freundlicher.

Ein Schalom zur Begrüßung kommt in Israel genau so gut an wie ein Marhaba bei den Palästinensern. Man duzt sich auch, das hat nichts mit einem Mangel an Respekt zu tun.

Natürlich gibt es viele Fettnäpfchen. Das Reden über Politik gehört mit Sicherheit dazu. Falls man keinen Wert auf hitzige Grundsatzdiskussionen legt, sollte man in Gesprächen mit Israelis oder Palästinensern nicht zu viel Sympathie für die jeweils andere Seite zeigen.

Deutsche sollten sensibel mit dem Thema Holocaust umgehen.

Wenn man von Israelis eingeladen wird, liegt man mit einer Flasche Wein meist richtig. Wenn man Israelis einladen möchte, sollte man

NEBENKOSTEN

1 Tasse Kaffee	2,60 €
1 Bier (Laden)	1,80 €
1 Bier (Restaurant)	5,00 €
1 Cola	1,20 €
1 Brot	3,00 €
1 Schachtel Zigaretten	4,25 €
1 Liter Benzin	1,50 €
Mietwagen/Tag	ab 30,00 €

unbedingt vorher fragen, ob sie nur koscher essen.

Die meisten Palästinenser sind Muslime. Statt Wein bieten sich als Gastgeschenk Süßigkeiten an.

Die Sicherheitsstandards in Israel sind extrem hoch. Jeder Ausländer wird bei der Ausreise von geschulten Mitabeitern befragt. Zum Standardrepertoire gehört beispielsweise die Frage, ob man die Palästinensergebiete besucht oder Palästinenser getroffen hat. Unverheiratete Paare wundern sich mitunter über ziemlich persönliche Fragen. Mit trotzigen oder pampigen Antworten kommt man nicht weiter, sondern landet nur beim nächsten Vorgesetzten. Behalten die israelischen Sicherheitsbehörden Laptops oder Videokameras für Untersuchungen ein, werden diese in der Regel in den kommenden Tagen nachgeschickt.

Um allem Ärger vorzubeugen, sollten Sie von keiner fremden Person Geschenke mitnehmen.

REISEWETTER

Für Sonnenhungrige ist Israel ideal. Allerdings kann einem die Hitze von Juli bis Mitte September richtig zusetzen. In Tel Aviv steigen die Temperaturen auf weit über 30 °C, in Eilat sind 48 °C keine Seltenheit. In

Jerusalem ist die Luft trockener als entlang der Küste. Angenehme Temperaturen herrschen von März bis Ende Juni oder aber ab der zweiten Septemberhälfte bis Ende Oktober. Im Winter regnet es öfter und kann nachts vor allem in Jerusalem empfindlich kalt werden.

SICHERHEIT

Die aktuelle Sicherheitslage spiegelt das Auf und Ab im israelisch-palästinensischen Konflikt wider. Sie hat sich nach Einschätzung des Auswärtigen Amtes in den vergangenen Jahren erheblich verbessert. Vor Reisen nach Israel oder in die Palästinensergebiete sollte man die Reise- und Sicherheitshinweise des Auswärtigen Amtes lesen.

Von Fahrten in das Grenzgebiet zum Gaza-Streifen wird abgeraten. Militante Palästinenser haben in den vergangenen Jahren aus dem Gaza-Streifen Tausende Raketen auf israelische Grenzgemeinden abgefeuert. Im Vorfeld von jüdischen Feiertagen kam es in den vergangenen Jahren immer wieder zu Krawallen im arabischen Ostteil Jerusalems, aber auch in der Altstadt. Vorsicht ist deshalb geboten.

Eine Besonderheit in Israel ist, dass Sicherheitskräfte vor dem Betreten von allen Kinos, Einkaufszentren und Museen die Taschen gründlich kontrollieren und mit einem Scanner den Oberkörper nach Sprengstoffgürteln absuchen. Man sollte auch nie seine Tasche oder den Koffer unbeaufsichtigt stehen lassen. Aus Furcht vor Anschlägen werden diese sofort entsorgt.
www.auswaertiges-amt.de

TANKEN

Mit einer ausländischen Kreditkarte bekommt man nur Benzin im Wert von 200 NIS. Das sind in der Regel etwa 30 Liter.

TRINKGELD

Mindestens 12 % Trinkgeld sind üblich. Manche Restaurants schlagen den Service automatisch auf die Rechnung auf. Sie sollten also fragen, ob das Trinkgeld bereits berücksichtigt wurde. Wer mit dem Service nicht zufrieden war, muss das aufgeschlagene Trinkgeld nicht zahlen. In guten Hotels erwartet das Zimmerpersonal 10 NIS Trinkgeld pro Tag und Person. Ansonsten sind 5 NIS pro Tag/Person üblich. Taxifahrer bekommen kein Trinkgeld.

VERKEHR

Sie kommen von allen Seiten, überholen rechts, drücken in jede noch so kleine Lücke und blockieren häu-

Mittelwerte	JAN	FEB	MÄR	APR	MAI	JUN	JUL	AUG	SEP	OKT	NOV	DEZ
Tages-temperatur	12	13	16	22	23	29	29	30	29	27	20	15
Nacht-temperatur	6	6	8	12	16	17	18	18	17	16	12	8
Sonnen-stunden	6	6	7	10	11	14	14	13	11	9	7	6
Regentage pro Monat	13	12	8	4	2	0	0	0	0	3	6	9

fig gleich zwei Fahrspuren auf der Autobahn: Das Nebeneinander mit israelischen Autofahrern ist eine Herausforderung, aber mit den landesüblichen Hupkonzerten gut zu bewältigen. Handy-Telefonate ohne Freisprecheinrichtung sind verboten. In Ortschaften darf man 50 km/h, außerhalb 80 km/h und auf der Autobahn 100 km/h fahren. Die Straßen sind gut ausgebaut und auch in Englisch beschildert.

BAHN

Die Hauptlinie verbindet die Küstenstädte zwischen Nahariya und Ashkelon in 2 ¾ Stunden Fahrzeit. Von Tel Aviv gelangt man mit dem Zug außerdem nach Jerusalem (1 Std. 40 Min., 22 NIS).
Israel State Railway • Tel. 03/6 11 70 00 • www.israrail.org.il

BUS

Israel verfügt über sein sehr gut funktionierendes, enges Busnetz. Von den zentralen Busbahnhöfen werden alle großen Städte sehr häufig von der Egged-Busgesellschaft angefahren, sodass man sich einfach vor Ort erkundigen kann. In den Städten selbst fahren Busse im Minutentakt – nicht jedoch am Schabbat. (Tel. 03/6 94 88 88, Schnellwahl *28 00, www.egged.co.il)
Die arabischen Busse (blau-weiß und grün-weiß) in Jerusalem fahren auch am Samstag.
Die gelben Minibusse bedienen wie die großen Busse die Städte und sind auch innerhalb Tel Avivs eine Alternative: Einfach Daumen hoch und anhalten. Die längeren Verbindungen sind im Schnitt 20 % teurer als die Egged-Busse. Beispiel Tel Aviv–Jerusalem: 22 NIS.

MIETWAGEN

Die großen Mietwagenfirmen sind in den Städten und am Flughafen vertreten. Die Preise beginnen bei 30 € pro Tag, 1 Woche ab 180 €. Internetvergleich lohnt sich, z. B. bei www.billiger-mietwagen.de.

TAXIS

Taxis sind ein beliebtes Fortbewegungsmittel. Sie halten auf einen Wink, manchmal hupen die Fahrer sogar, um auf sich aufmerksam zu machen. Unbedingt darauf achten, dass das Taxameter eingeschaltet ist (hebr. = moné). Eine Fahrt von Tel Avivs Stadtzentrum zum Alten Hafen beispielsweise kostet 25 bis 30 NIS.

TELEFON
VORWAHLEN

D, A, CH ▶ Israel 00972
Israel ▶ D 0049
Israel ▶ A 0043
Israel ▶ Ch 0041

Internationale Gespräche aus Hotels sind teuer. Es gibt gute Alternativen. Zum Beispiel kann man entweder direkt im Ankunftsterminal des Flughafens Ben Gurion oder in Filialen von Mobilfunkunternehmen eine israelische Prepaidkarte für das eigene Mobiltelefon kaufen. Viele Geldwechselstuben bieten dann internationale Telefonkarten an.

ZEITUNGEN

Die Medienlandschaft in Israel ist bunt und vielfältig. Auflagenstärkste Zeitung ist die kostenlos verteilte Israel Hayom. Englischsprachige Zeitungen sind die linksliberale Haaretz (mit International Herald Tribune) und die konservative Jerusalem Post. Deutsche Zeitungen und Magazine gibt es in Buchhandlungen wie Steimatzky. Allerdings sind sie teuer und nicht tagesaktuell.

ZEIT

In Israel gilt die Israel Standard Time (IST). Israel ist damit Deutschland, Österreich und der Schweiz 1 Std. voraus. Die Sommerzeit deckt sich nicht genau mit dem deutschsprachigen Raum. Sie beginnt am letzten Freitag vor dem 2. April. Am Sonntag vor dem Feiertag Jom Kippur werden die Uhren dann zurückgedreht.

ZOLL
EINREISE

Normalerweise werden Touristen bei der Einreise nicht kontrolliert. Das bedeutet nicht, dass es keine Vorschriften oder stichprobenartigen Kontrollen gibt.
Erwachsene dürfen 1 l Spirituosen oder 2 l Wein einführen.
Zollfrei sind außerdem bis 0,25 l Eau de Toilette, 250 g Tabakwaren, 3 kg Lebensmittel sowie Geschenke im Wert von 200 US$ (140 €). Verboten ist beispielsweise die Einfuhr von Drogen, Pornografie, Waffen und Frischfleisch.
Geldbeträge über 90 000 NIS muss man sowohl bei der Ein- als auch bei der Ausreise anmelden.
http://ozar.mof.gov.il

AUSREISE

Die Ausfuhr von archäologischen Fundstücken oder Artefakten ist verboten. Wer alte Stücke vom Händler kauft, sollte sich entsprechende Papiere ausstellen lassen.
Reisende aus Deutschland und Österreich dürfen Waren im Wert von 430 € (Jugendliche: 175 €) abgabenfrei mit nach Hause nehmen, Reisende aus der Schweiz im Wert von 300 SFr. Die Waren müssen für den privaten Gebrauch vorgesehen sein. Tabakwaren und Alkohol fallen nicht unter diese Wertgrenze und bleiben in bestimmten Mengen abgabenfrei (z. B. 200 Zigaretten, 4 l Wein). Weitere Auskünfte unter www.zoll.de, www.bmf.gv.at/zoll und www.zoll.ch.

ENTFERNUNGEN (IN KM) ZWISCHEN WICHTIGEN ORTEN

	Be'er Sheva	Bethlehem	Eilat	Haifa	Jerusalem	Nablus	Nazareth	Netanya	Tel Aviv	Tiberias
Be'er Sheva	–	70	243	208	83	144	218	145	113	248
Bethlehem	70	–	319	168	10	72	144	105	73	169
Eilat	243	319	–	451	326	359	433	389	356	432
Haifa	208	168	451	–	158	93	38	63	95	70
Jerusalem	83	10	326	158	–	59	135	95	63	159
Nablus	144	72	359	93	59	–	72	45	57	102
Nazareth	218	144	433	38	135	72	–	73	105	32
Netanya	145	105	389	63	95	45	73	–	32	103
Tel Aviv	113	73	356	95	63	57	105	32	–	135
Tiberias	248	169	432	70	159	102	32	103	135	–

Kartenatlas
Maßstab 1:850 000

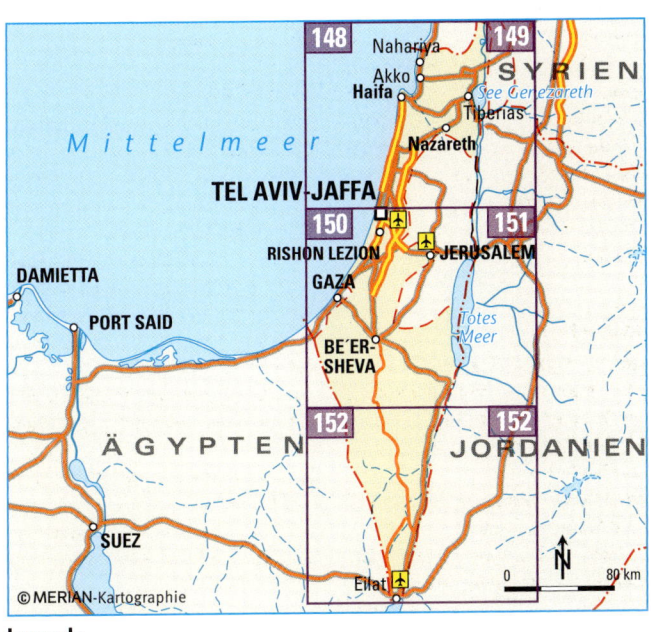

Legende

Touten und Ausflüge
- Von Tel Aviv bis Rosh Hanikra (S. 122) Start: S. 148, C4
- Von Tiberias auf die Golanhöhen (S. 124) Start: S. 149, E2
- Von Jerusalem ans Tote Meer (S. 126) Start: S. 151, D5
- Von Eilat nach Mitzpe Ramon (S. 128) Start: S. 152, C12

Sehenswürdigkeiten
- Top Ten Sehenswürdigkeit, öffentl. Gebäude
- Sehenswürdigkeit Kultur
- Kirche, Kloster
- Kirchenruine, Klosterruine
- Schloss, Burg, Ruine
- Moschee, Tempel, Synagoge

Sehenswürdigkeiten f.
- Museum, Denkmal
- Leuchtturm, Windmühle
- Archäologische Stätte
- Höhle

Verkehr
- Autobahn
- Autobahnähnliche Straße
- Fernverkehrsstraße
- Hauptstraße
- Nebenstraße
- Unbefestigte Straße, Weg
- Fußgängerzone
- Parkmöglichkeit
- Busbahnhof; Bushaltestelle
- Metrostation

Verkehr f.
- Bahnhof
- Schiffsanleger
- Flughafen; Flugplatz

Sonstiges
- Information
- Theater
- Einkaufen
- Zoo
- Golfplatz
- Strand
- Aussichtspunkt
- Friedhof
- Jüdischer Friedhof
- Muslimischer Friedhof
- Naturparkgrenze

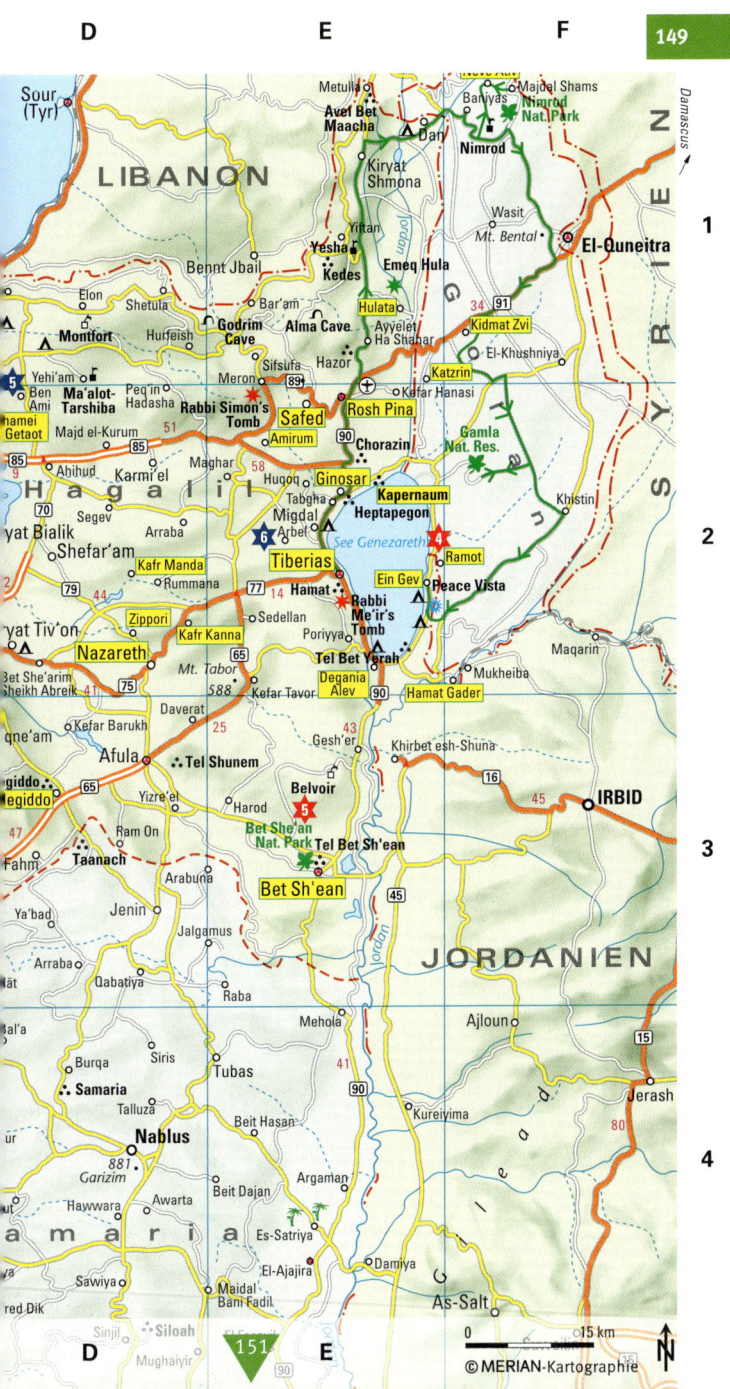

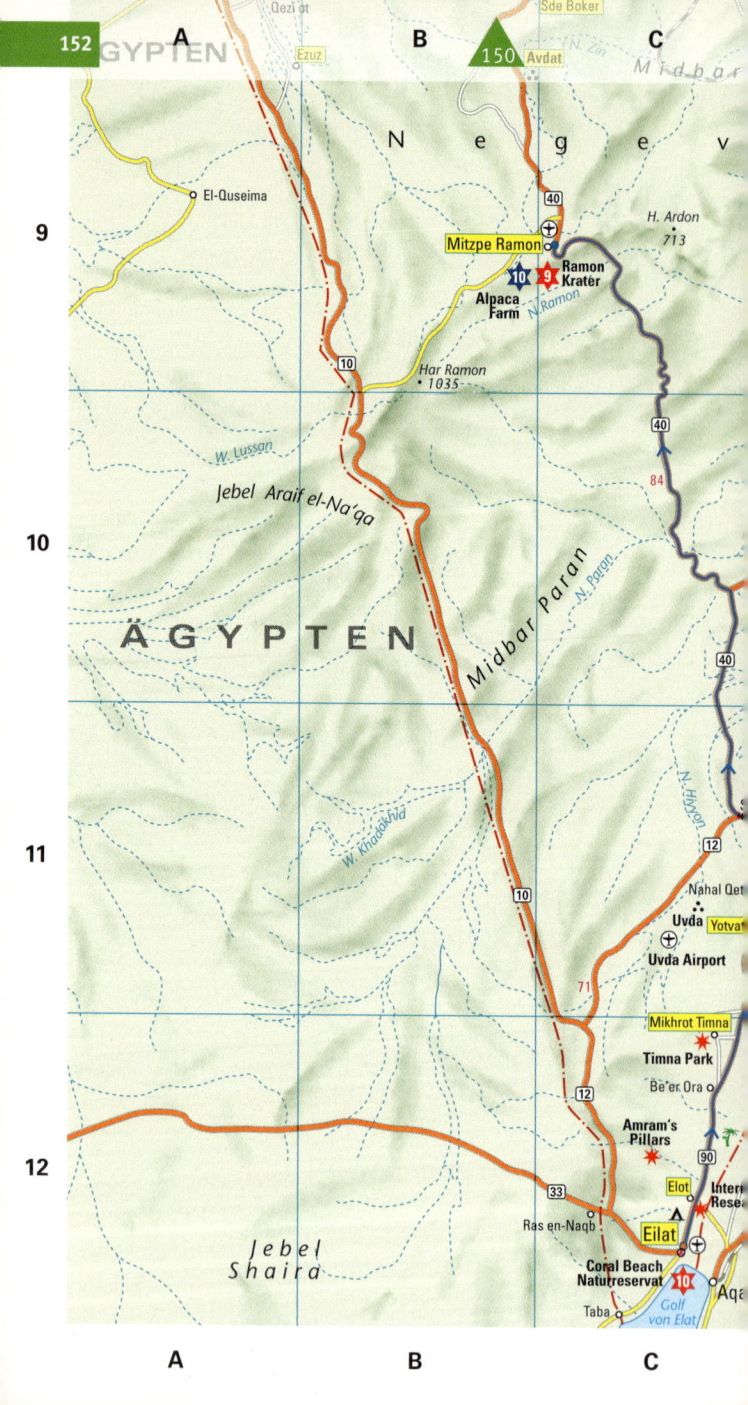

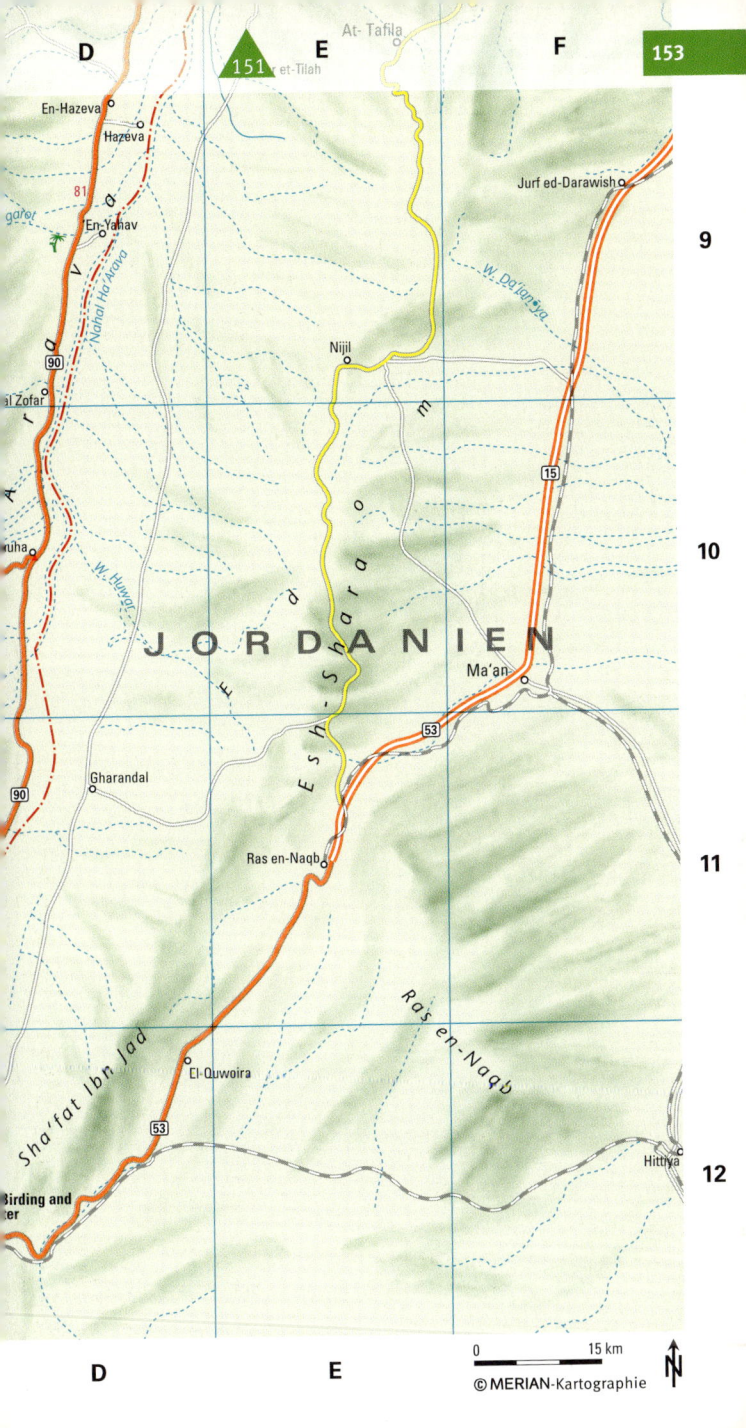

Kartenregister

Abasan 150 A7
Abu Ghosh 150 D5
Afula 148 D3
Agur 150 C6
Ahihud 148 D2
Ajloun 148 F4
Akko 148 C2
Alma Cave 148 E1
Alpaca Farm 152 B9
Amirum 148 E2
Amman 150 F5
Amram's Pillars 152
Aqaba 152
Aqua 150 D5
Arabuna 148 D3
Arad 150 D7
Arbel 148 E2
Argaman 148 E4
Arraba 148 D2
Arshaf Apollonia 148 C4
Arubotayim Cave 150 D8
As-Salt 148 F4
Ashalim 150 B8
Ashdod 150 D5
Ashqelon 150 D6
Ashqelon Nat. Park 150 D6
At-Tafila 150 E8
Atlit 148 C2
Avdat 150 B8
Avel Bet Maacha 148 E1
Avihayil 148 C4
Awarta 148 D4
Ayyelet 148 E1

Baha'i 148 C2
Bal'a 148 D4
Bani Na'im 150 D6
Baniyas 148 F1
Baqa el Gharbiya 148 C3
Bar'am 148 E1
Bat Yam 150 D5
Be'er Sheva 150 C7
Be'er Menuha 152 D10
Be'er Ora 152
Be'eri 150 D6
Beit Aula 150 C6
Beit Dajan 148 E4
Beit Hasan 148 E4
Beit Jimal 150 C6
Beit Sahur 150 D6
Beit Sira 150 C5
Belvoir 148 E3
Ben Ami 148 D2
Ben Gurion Airport 150 C5
Bene Beraq 148 C4
Bennt Jbail 148 E1
Bet Guvrin 150 C6
Bet Sh'ean 148 E3
Bet She'an Nat. Park 148 E3
Bet She'arim Sheikh Abreik 148 D2
Bet Shemesh 150 C5
Bethlehem 150 D6
Biddiya 148 D4

Bira 150 D5
Budrus 150 C5
Burqa 148 D4

Caesarea 148 C3
Chorazim 148 E2
Coral Beach Naturreservat 152 C12

Daliyat 148 C2
Damiya 148 E4
Dan 148 E1
Daverat 148 D3
Degania Alev 148 E2
Deir Dibwan 150 D5
Deir el-Balah 150 A7
Deir Hajla 150 E5
Deir Qurruntul 150 E5
Deir Rafat 150 C5
Devira 150 C7
Dhiban 150 F6
Dhira 150 E7
Dimona 150 C8
Dor 148 C3
Dura 150 C6

Edh Dhahiriya 150 C7
Eilat 152 C12
Ein Bokek 150 E6
Ein Gev 148 E2
El Fasayil 150 E5
El-Ajajira 148 E4
el-Karmil 148 C2
El-Khushniya 148 F1
El-Quneitra 148 F1
El-Quseima 150 A9
El-Quweira 152 D12
Elon 148 D1
Elot 152 C12
Emeq Hula 148 E1
Emmaus 150 D5
En Hod 148 C2
En-Gedi 150 E6
En-Hazeva 152 D9
'En-Yahav 152 D9
Es Samu 150 C7
Es-Satriya 148 E4
Ezuz 150 A8

Fureidis 148 C3

Gaash 148 C4
Gamla Nat. Res. 148 F2
Gaza 150 A6
Gedera 150 D5
Gesh'er 148 E3
Gevar'am 150 D6
Gharandal 152 D11
Gibeon 150 D5
Ginosar 148 E2
Godrim Cave 148 E1

Ha Shahar 148 E1
Hadera 148 C3

Haifa 148 C2
Haluza 150 B8
Hamat 148 E2
Hamat Gader 148 F2
Har Beqa 150 C7
Harod 148 E3
Hawwara 148 D4
Hazerim 150 D7
Hazeva 152 D9
Hazor 148 E1
Hazor Ashdod 150 D5
Hebron 150 D6
Heptapegon 148 E2
Herodion 150 D6
Herzliyya 148 C4
Hittiya 152 F12
Holon 150 C5
Hulata 148 E1
Hulda 150 C5
Huqoq 148 E2
Hurfeish 148 D1

International Birding and Research Center 152 C12
Irbid 148 F3

Jabaliya 150 A6
Jalgamus 148 D3
Jenin 148 D3
Jerash 148 F4
Jericho 150 E5
Jerusalem 150 D5
Jifna 150 D5
Jinnsafut 148 D4
Jordan 150 E5
Jurf ed-Darawish 152 F9

Kafr Kanna 148 D2
Kafr Manda 148 D2
Kafr Sur 148 C4
Kafred Dik 148 D4
Kapernaum 148 E2
Karama 150 E5
Karmel 150 D6
Karmel Caves 148 C3
Karmi'el 148 D2
Kasr al Jahud 150 E5
Katzrin 148 E1
Kedes 148 E1
Kefar Barukh 148 D3
Kefar Hanasi 148 E2
Kefar Hano'ar Nizzanim 150 D5
Kefar Sava 148 C4
Kefar Tavor 148 D2
Kefar Yona 148 C4
Kerak 150 F7
Kerem Shalom 150 A7
Khan Yunis 150 A7
Kharbata 150 C5
Khirbet esh-Shuna 148 E3
Khistin 148 F2
Kidmat Zvi 148 F1
Kiryat Bialik 148 D2
Kiryat Gat 150 D6
Kiryat Shmona 148 E1
Kiryat Tiv'on 148 D2

Kissufim 150 A7
Kureiyima 148 E4

Lahav 150 C7
Lakhish 150 C6
Lakiya 150 C7
Latrun 150 C5
Lod 150 C5
Lohamei HaGetaot 148 D2

Ma'agan Mikha'el 148 C3
Ma'alot-Tarshiba 148 D2
Ma'an 152 F10
Ma'anit 148 C3
Ma'barot 148 C3
Ma'on 150 A7
Madaba 150 F6
Maghar 148 E2
Maidal Bani Fadil 148 E4
Majd el-Kurum 148 D2
Majdal Shams 148 F1
Mamshit 150 C8
Maqarin 148 F2
Mar Saba 150 D6
Massada 150 D7
Matta' 150 C6
Megiddo 148 D3
Mehola 148 E4
Meron 148 E1
Mesillat Ziyyon 150 C5
Metulla 148 E1
Mezad Boqeq 150 D7
Mezad Zohar 150 D7
Migdal 148 E2
Mikhmoret 148 C3
Mikhrot Timna 152 C12
Mineral Beach 150 E6
Mishmar Ha Negev 150 D7
Mittelmeer 150 A5
Mitzpe Ramon 152 C9
Montfort 148 D1
Mt. Bental 148 F1
Mughaiyir 150 D5
Mukheiba 148 F2

N. Adorayim 150 C6
N. Besor 150 D7
N. Gerar 150 D7
N. Lavan 150 A8
N. Sekher 150 D7
N. Zin 150 C8
Na'ur 150 F5
Nablus 148 D4
Nahal Besor 150 A7
Nahal Mishmar 150 D7
Nahal Zofar 152 D9
Nahala 150 C6
Nahariya 148 D1
Nazareth 148 D2
Nazlet 148 D3
Ne'ot Hakikar 150 E8
Nes Ziyyona 150 C5
Nesher 148 C2
Netanya 148 C4
Netivot 150 D6
Neve Ativ 148 F1
Newe Yam 148 C2

Newe Zohar 150 E7
Nijil 152 E9
Nimrod 148 F1
Nimrod Nat. Park 148 F2
Nirim 150 A7
Nuseirat 150 A6

Ofaqim 150 D7
Oron 150 C8

Pa'ame Tashaz 150 D6
Pardes Hanna-Karkur 148 C3
Peace Vista 148 E2
Peq'in Hadasha 148 D2
Petah Tiqwa 148 C4
Poriyya 148 E2

Qabatiya 148 D3
Qalqiliya 148 C4
Qasr et-Tilah 150 E8
Qezi ot 150 A8
Qumran 150 E6

Raba 148 E3
Rabbi Me'ir's Tomb 148 E2
Rabbi Simon's Tomb 148 D2
Rafah 150 A7
Ram On 148 D3
Ramallah 150 D5
Ramat Gan 148 C4
Ramat HaSharon 148 C4
Ramla 150 C5
Ramon Krater 152 C9
Ramot 148 E2
Ras en-Naqb 152 C12
Rehovot 150 B8
Revivim 150 C7
Rishon Le Zion 150 C5
Rogelit 150 C6
Rosh Ha'Ayin 148 C4
Rosh Hanikra 148 D1
Rosh Pina 148 E2
Ruhama 150 D6
Rummana 148 D2

Sa'ad 150 D6
Safed 148 E2
Samaria 148 D4
Sawiya 148 D4
Scorpion's Ascent Ma'ale Aqrabbim 150 D8
Sde Boker 150 C8
Sede Dawid 150 D6
Sedellan 148 E2
Sederot 150 D6
Sedot Yam 148 C3
Segev 148 D2
Sha'alvim 150 C5
Shasheret 150 D7
Shave Ziyyon 148 D2
Shefar'am 148 D2
Shefayyim 148 C4
Shetula 148 D1
Shivta 150 B8
Shizzafon 152 C11
Si'ir 150 D6
Sifsufa 148 E1

Siloah 150 D5
Sinjil 150 D5
Siris 148 D4
Sodom (Sedom) 150 D8
Sour (Tyr) 148 D1
St. Georgen-kloster 150 D5
Surif 150 C6
Suweilin 150 F5

Taanach 148 D3
Taba 152 C12
Tabgha 148 E2
Taiyiba 150 D5
Talluza 148 D4
Tel Akhziv 148 D1
Tel Ashdod 150 D5
Tel Aviv - Jaffa 148 C4
Tel Bet Sh'ean 148 E3
Tel Bet Yerah 148 E2
Tel en-Nasbe 150 D5
Tel Jericho 150 E5
Tel Laknish 150 C6
Tel Maresha 150 C6
Tel Shiqmona 148 C2
Tel Shunem 148 D3
Telalim 150 B8
Tiberias 148 E2
Timna Park 152 C12
Tirat Karmel 148 C2
Totes Meer 150 E6
Tubas 148 E4
Tulkarm 148 C4

Udim 148 C4
Umm el-Fahm 148 D3
Urim 150 D7
Uvda 152 C11
Uvda Airport 152 C11

W. el-Hasa 150 E8
Wasit 148 F1

Ya'bad 148 D3
Yatta 150 D6
Yavne 150 D5
Yavne Yam 150 D5
Yehi'am 148 D1
Yeroham 150 C8
Yesha 150 A7
Yiftan 148 E1
Yizre'el 148 D3
Yoqne'am 148 D3
Yotvata 152 C11

Ze'elim 150 D7
Zefa 150 D8
Zichron Yaakov 148 C3
Zippori 148 D2
Ziqim 150 D6

Orts- und Sachregister

Wird ein Begriff mehrfach aufgeführt, verweist die **fett** gedruckte Zahl auf die Hauptnennung, eine *kursive* Zahl auf ein Foto.
Abkürzungen:
Hotel [H]
Restaurant [R]

Abu Gosh 102
Abu Shukri [R, Jerusalem] 100
Abuhav-Synagoge [Safed] 71
Agamon HaHula [Hula-Tal] **76**, 124, *125*
Ahmed-el-Jazzar-Moschee [Akko] 57
Akhziv Beach National Park 33
Akko [MERIAN-TopTen] **56**, *57*,123
Akkotel [H, Akko] 59
Al Atabeh Guesthouse [H, Nazareth] 64
Al-Aqsa-Moschee [Jerusalem] 89, **90**, 93
Alpaka-Farm [H, MERIAN-Tipp, Negev] *106*, **110**, 129
Alrida [R, Nazareth] *14*, 64
Alter Hafen [Tel Aviv] 40
Altes Badehaus [Nazareth] 63
Altstadt [MERIAN-TopTen, Jerusalem] 89
American Colony Hotel [H, Jerusalem] *10/11*, 98
Aniam Artists Village **81**, 125
Anreise 140
Apotheken 142
Arabesque [R, Jerusalem] 99
Arbel Guest House [H, MERIAN-Tipp, Tiberias] 70
Arbel National Park 73
Armenian Pottery [MERIAN-Tipp, Jerusalem] 23
Armenisches Viertel [Jerusalem] 90
ArtRest [H, Ein Hod] 50
Auf einen Blick 132
Auskunft 140
Ausreise 146
Avdat National Park 111
Azrieli-Türme [Tel Aviv] 40

Bahai-Gärten [MERIAN-TopTen, Haifa] 51, **52**, *52*, 122
Bahaischrein Bahje House 60
Bahn 145
Banias Naturreservat **82**, 124
Bauhaus [MERIAN-TopTen, Tel Aviv] 39, **40**
Bauhaus-Center [Tel Aviv] 40
Bazar 23
Be'er Sheva 107
Beit-Guvrin-Maresha National Park 48
Beit Shalom [H, Metulla] 78
Beit Shalom Restaurant [R, Metulla] 78
Bell Ofri Farm [Kibbuz Kidmat Zvi] 21

Benny Hadayag [R, Tel Aviv] 45
Beresheet [H, Mitzpe Ramon] 110
Berg der Seligpreisungen *73*, 74
Berg der Versuchung [Jericho] 103
Bethlehem 5, **102**
Bet She'an National Park [MERIAN-TopTen] 74, *75*
Betty and Nachi's Bistro [R, Ramot] 87
Bevölkerung 132
Bialik-Haus [Tel Aviv] 43
Biblischer Zoo [Jerusalem] 35
Bikta Belavan [H, Ramot] 87
Bio Ramon [Mitzpe Ramon] **109**, 129
Blockhütten 13
Boston Fish & Grill [R, Eilat] 115
Brotvermehrungskirche [Tabgha] 79
Buchtipps 140
Bus 145

Caesarea National Park **49**, 122, *123*
Café Bagdad [R, Safed] 72
Café Patisserie [R, Jaffa] 46
Caffit [R, Jerusalem] 99
Carmel Markt [Tel Aviv] 42
Caro-Synagoge [Safed] 72
Chez Eugène [H/R, Mitzpe Ramon] **110**, 128
Christliche Hospize 13
Coffee Annan [R, Mount Bental] 83
Container [R, Jaffa] 45
Coral Beach Naturreservat [MERIAN-TopTen, Eilat] 113

Dado Beach [Haifa] 33
Dado Lookout [Metulla] 78
Dag al HaDan [R, Hurshattal National Park] **77**, 124
Damaskustor [Jerusalem] *36/37*, 91
Dan Panorama [H, Haifa] 54
Davidstadt [Jerusalem] 94
Decks [R, Tiberias] 70
Der Süden 106
Deutsche Kolonie Sarona [Tel Aviv] 42
Diaspora Museum [Tel Aviv] 43
Diners Rosh Hanikra Restaurant [R, Rosh Hanikra] 61
Diplomatische Vertretungen 140
Dizengoff Platz [Tel Aviv] *42*
Dizengoff Street [Tel Aviv] 42

Dolphin Reef [Eilat] 113
Dolphin Village [H, Shavei Zion] 61
Doña Rosa [R, MERIAN-Tipp, Ein Hod] *49*, **50**, 122
Dormitio-Kirche [Jerusalem] 94
Dr. Shakshuka [R, Jaffa] 46
Drogen 141

Ecce-Homo-Basilika [Jerusalem] 90
Eilat *112*,113, *116*
Ein Avdat National Park 112
Ein Bokek 104
Ein Gedi **104**, 126
Ein Gedi National Park [Ein Gedi] 104
Ein Gedi Resort [H, MERIAN-Tipp] 104
Ein Gev 80
Ein Gev Holiday Resort [H, Ein Gev] 80
Ein Hod **50**, 122
Einkaufen 22
Einreise 146
Elias-Höhle [Haifa] 53
Entfernungen 146
Eretz Israel Museum [Tel Aviv] 43
Erlöserkirche [Jerusalem] 90
Essen und Trinken 14
Etzel Pini Behatzer [R, Tel Aviv] 45

Familientipps 34
Fattoush [R, Haifa] 54
Fauzi Azar Inn [H, Nazareth] 64
Felsendom [Jerusalem] *88*, 89, **90**, 93
Feste und Events 24
FKK 141
Flugzeug 140
Fotografieren 141

Gabrielskirche [Nazareth] 63
Gai-Beach-Resort [H, Tiberias] 69
Galei Gil [R, Tiberias] 70
Galiläa 5
Galiläa und Golan 62
Gamla Naturreservat **82**, 125
Gan Garoo Park [Bet She'an] 35
Gan HaShlosha National Park 74
Gästehäuser 13
Geburtskirche [Bethlehem] 102
Geld 141
German Colony [Haifa] **53**, 123
German Colony [Jerusalem] 95
Geschichte 134
Gesher HaZiv Travelers' Hotel [H, Kibbuz Gesher HaZiv] 61
Ginger Asian Kitchen and Bar [R, Eilat] 116
Gloria Hotel [H, Jerusalem] 99
Golan 80, **81**, 125
Golan Archaeological Museum and Ancient Qatzrin Park [Qatzrin] 86

Orts- und Sachregister 157

Golan Heights Winery [Qatzrin] **86**, 125
Golan Olive Oil Mill [Qatzrin] 85
Golda-Center [Tel Aviv-Jaffa] *38*
Goldenes Tor [Jerusalem] 90
Golf 31
Golgata-Kapelle [Jerusalem] 92
Grab des Maimonides [Tiberias] 67
Grab des Rabbi Akiva [Tiberias] 68
Grab des Rabbi Meir [Tiberias] 68
Grabeskirche [Jerusalem] *2*, 89, **91**
grüner reisen 18

Ha'Ari-Synagoge [Safed] 72
Habikta [R, Peace Vista] 84
Haddad Guesthouse [H, Haifa] 54
HaHavit [R, Mitzpe Ramon] **111**, 128
Haifa **51**, 122
Haifa Museum of Art [Haifa] 53
Hamat Gader 75
Hamat Gader Hot Springs [Tiberias] 68
Hamat Gader Spa Village [H, Hamat Gader] 75
Hamat Tiberias National Park [Tiberias] 68
HaTachanah [R, Metulla] 78
Hayarden Park Naturreservat 75
Hazan [R, Haifa] 54
Helena [R, Caesarea Port] 49
Hemdatya [H, Moshav Ilanya] 19
Herodestor [Jerusalem] 90
Herodion 103
Hof HaCarmel Beach [Haifa] 33
Hotel Cinema Esther [H, Tel Aviv] 44, *45*
Hotel Frank [H, Nahariya] 60
Hula Naturreservat [Hula-Tal] 76
Hula-Tal 76
Hurshattal National Park 76
Hurva-Synagoge [Jerusalem] 92

Ice Space [Eilat] 114
Inbar Bahar Guest House [H, Neve Ativ] 83
Independence Hall [Tel Aviv] 43
Internet 141
Internetcafés 142
Israel Museum [MERIAN-Top-Ten, Jerusalem] *96*, 97
Isrotel Ramon Inn [H, Mitzpe Ramon] **110**, 128
Isrotel Yam Suf [H, Eilat] 115
Iyon Stream Naturreservat [Metulla] 78

Jaffator [Jerusalem] 90
Jakobuskirche [Jerusalem] 90
Janco-Dada-Museum [Ein Hod] **50**, 122
Jericho 5, **103**

Jerusalem [MERIAN-TopTen] 4, **89**, 126
Jerusalem Hotel [R, Jerusalem] 100
Jerusalem Light Festival [Jerusalem] *25*, 26
Jerusalem und das Tote Meer 88
Jesu Grab [Jerusalem] 92
Joggen 31
Jom Kippur 26
Jordan River Park 75

Kafr Kana 66
Kajak 31
Kamelreiten [Dimona] 35
Kapernaum 77
Karmel National Park 56
Karmeliterkloster Stella Maris [Haifa] 53, *55*
Kashrut 15
Katzrin 85
Khan Umdan [Akko] 57
Kibbutz Lohamei HaGetaot 60
Kibbuz 5, 13
Kibbuz Degania Alef 77
Kibbuz Ein Gev [R, Ein Gev] 80
Kibbuz Ginosar 77
Kibbuz Lahav 107
Kibbuz Lotan [R, Hevel Eilot] 20
Kibbuz Sde Boker 112
Kidron-Tal [Jerusalem] 95
Klagemauer [Jerusalem] 89, *92*, **93**
Klagemauer-Tunnel [Jerusalem] 93
Kleidung 142
Knesset [Jerusalem] 95
Knights Palace [H, Jerusalem] 99
Koscher 15
Krankenhaus 142
Kreuzfahrerstadt [Akko] 57, *58*
Kulinarisches Lexikon 138
Kuneitra 125
Künstlerviertel [Safed] 72
Kurdi und Berit Gewürze [MERIAN-Tipp, Akko] 60

L. A. Mayer Museum for Islamic Art [Jerusalem] 97
La Crêpe Jacob [R, MERIAN-Tipp, Nahariya] 61
La Cuccina [R, Eilat] 116
Lakyia Negev Weaving [Lakyia] 20
Lebanese Cedars Restaurant [R, Tiberias] 70
Legacy Village [H Majdal Shams] 83
Leonardo Plaza [H, Eilat] 114
Litttle Jerusalem [R, Jerusalem] 99
Lot Spa Hotel [H, Ein Bokek] 104
Löwentor [Jerusalem] 90
Luna Gal Wasserpark [Golan Beach] 35

Machtesh Ramon [Mitzpe Ramon] **109**, *109*, 128
Madison Hotel [H, Nahariya] 60
Magic Golan [Qatzrin] 86
Mahane Yehuda Markt [Jerusalem] 89
Majdal Shams **82**, 124
Mamilla Shopping Mall [Jerusalem] 100, *101*
Mamshit National Park 107
Marathon 31
Marienbrunnen [Nazareth] 63
Massada [MERIAN-Tipp] *102*, **105**, 127
Mea Shearim [Jerusalem] 95
Medizinische Versorgung 142
Megiddo 66
Mensa-Christi-Kirche [Nazareth] 63
Metulla 78
Mezze 16
Mietwagen 145
Mineral Beach **105**, 127
Mini Israel [Latrun] 35
Misttor [Jerusalem] 90
Mittelmeer 5
Mitzpe Ramon **108**, 128
Montefiore [H, Tel Aviv] 44
Moshav Amirim [H, Amirim] 19
Moshbutz [R, Ramot] 87
Mount Bental **83**, 125
Mount Hermon *4*, *82*, 83
Mount Tabor 66
Mount Zion Hotel [H, Jerusalem] 99
Museum of Underground Prisoners [Akko] 58
Muza [R, Gan HaShlosha National Park] 74

Nahalat Binyamin Markt [MERIAN-Tipp, Tel Aviv] 47
Nahal Me'arot 56
Nahariya **60**, 123
Namal [Tel Aviv] 40
National Maritime Museum [Haifa] 53
Nationalparks 142
Nature Scent [Mitzpe Ramon] 20
Nazareth 5, **63**
Nazareth Village [Nazareth] *34*, 35
Nebenkosten 143
Negev 33, 107
Negev Camel Ranch [H, Mamshit National Park]
Netanya 50
Netanya Beaches 33
Neues Tor [Jerusalem] 90
Neve Ativ **83**, 124
Neve Tzedek [Tel Aviv] 42
Nimrod Fortress National Park **84**, *85*, 124
Nitzanim Beach 33
Nofey Gonen Holiday Village [H, Kibbutz Gonen] 76
Notruf 142

REGISTER: Orts- und Sachregister

Okashi-Museum [Akko] 58
Öko-Wohnen 13
Ölberg [Jerusalem] 96
Old City Inn [H, Safed] 72
Orchid [H, Eilat] 114
Österreichisches Hospiz [H, MERIAN-Tipp, Jerusalem] *12*, 98

Pagoda [R, Tiberias] 70
Paladiusstraße [Bet She'an National Park] 74
Palm Beach Club [H, Akko] 59
Pasha's Restaurant [R, Jerusalem] 99
Peace Vista 84, 125
Peace Vista Country Lodge [H, Kibbuz Kfar Haruv] 84, 124
Penguin [R, Nahariya] 61
Pensionen 13
Photo House Pri-Or [Tel Aviv] 43
Pilgerhaus Tabgha [H, Tabgha] 80
Pina Ba'Rosh [H, Rosh Pina] 79
Pita 16
Politik 133
Post 142
Prima Galil Hotel [H, Tiberias] 70
Primatskapelle [Tabgha] 80
Purim 25, *27*

Qatzrin 85
Qumran **105**, 126

Radfahren 31
Ramadan 25
Ramon Krater [MERIAN-TopTen, Negev] **109**, *109*
Ramot 87
Ramot Resort Hotel [H, Ramot] 87
Reisedokumente 142
Reiseknigge 143
Reisepraktisches 140
Reisewetter 143
Reiten 31
Relaxation Pools [Eilat] 114
Rimonim Hermon Holiday Village [H, Neve Ativ] 84
Rockefeller Museum [Jerusalem] 97
Römisches Theater [Bet She'an National Park] 74
Rosh Hanikra 61, 123
Rosh Pina 78
Rossini's [R, Jerusalem] 99
Rotes Meer 4
Rothschild Boulevard [Tel Aviv] 43

Sabrest [R, Eilat] 116
Safed 71
Schabbat 25, **28**
Schindler-Grab [Jerusalem] 96
Schnorcheln 32
See Genezareth [MERIAN-TopTen] **5**, **73**

Segeln 31
She'an Nights [Bet She'an National Park] 74
Sheinkin Street [Tel Aviv] 43
Shirat Hayam [H, Tiberias] 69
Shiri Bistro/Wine Bar [R, Rosh Pina] 79
Shivta National Park 108
Shlomo und Doron [R, Tel Aviv] 46
Sicherheit 144
Sidna Ali Beach [Herzliya] 33
Silwan [Jerusalem] 94
Sindyanna of Galilee [Kufr Manda] 20
Skifahren 32
Skulpturengarten [Haifa] **53**, 122
Sonya Getzel Shapira [R, Tel Aviv] 46
SPNI Field School [H, Eilat] 115
Sport und Strände 30
Sprache 133
Sprachführer Arabisch 136
Sprachführer Hebräisch 136
St. Georgskloster 103
St. Josephskirche [Nazareth] 63
St. Anna-Kirche [Jerusalem] 93
Stadtmuseum [Akko] 59
Stefan Braun [R, Tel Aviv] 46
Stephanstor [Jerusalem] 90
Succah in the Desert [H, Mitzpe Ramon] 19
Sudfeh [R, Nazareth] 65, *65*
Sunbula [Jerusalem] 21
Surfen 32
Synagogen-Kirche [Nazareth] 64

Tabgha 79
Tanken 144
Tauchen 32
Taufstelle Kasr al Jahud 103
Taxis 145
Tel Aviv 4, 123
Tel Aviv Beaches *30*, 33
Tel Aviv Museum of Art [Tel Aviv] 43
Tel Aviv und die Küste 38
Tel Aviv-Jaffa *4*, **39**
Tel Sheva National Park 108
Telefon 145
Tempelberg [Jerusalem] 93
Templertunnel [Akko] 58
The Colony Hotel [H, Haifa] **54**, 122
The Galilee Experience [Tiberias] 69
The Last Refuge [R, Eilat] 116
The Savoy [H, Tel Aviv] 45
The Scots Hotel [H, Tiberias] 69
The Witch and the Milkman [R, Moshav Nimrod] 84, 124
Tiberias **66**, *68*, 124
Tiberium [Tiberias] 69
Tikotin Museum of Japanese Art [Haifa] 53
Timna Park **118**, *119*, 128

Tishreen [R, Nazareth] 65
Totes Meer [MERIAN-TopTen] 5, **103**, 126, *126*
Touren und Ausflüge 122, 124, 126, 128
Tower of David Museum [Jerusalem] 97
Trinkgeld 144
Türkisches Badehaus [Akko] 59

Übernachten 12
Udeh Restaurant [R, Akko] 59
Underwater Observatory Marine Park [Eilat] 114
Uri Buri [R, Akko] 59

Vehudia Naturreservat [Qatzrin] 86
Vered Haglil Guest Farm [H, Kapernaum] 77
Verkehr 144
Verkündigungskirche [Nazareth] 64
Via Dolorosa [Jerusalem] 94

Wadi Nisnas [Haifa] 53
Wandern 32
Wang's Grill [R, Eilat] 117
Wasserstandsmesser [Tiberias] 69
Weiße Moschee El Abiyad [Nazareth] *63*, 64
Wirtschaft 133

Yad Vashem [Jerusalem] 97, *97*
Yardenit-Taufstelle 80
Yehuda Ve Rosa [R, Moshav Ilanya] 20
Yehudia Naturreservat 86
Yemenite Food Bar [R, Safed] 72
Yigal Alon Museum [Kibbuz Ginosar] 77, *79*
Yotvata Hai Bar Naturreservat **119**, 128, *129*

Zamir Beach [Haifa] 33
Zeit 146
Zeitungen 145
Zichron Yaakov **50**, 122
Zimmerbus [H, Ezuz Village] 19, *21*
Zippori National Park 66
Zitadelle [Akko] 58
Zitadelle [Jerusalem] 94, *95*
Zitadelle [Safed] 72
Zoll 146

Erlebe das Besondere mit MERIAN *live!*

MERIAN
Die Lust am Reisen

IMPRESSUM

Liebe Leserinnen und Leser,

vielen Dank, dass Sie sich für einen Titel aus unserer Reihe MERIAN live! entschieden haben. Wir freuen uns, Ihre Meinung zu diesem Reiseführer zu erfahren. Bitte schreiben Sie uns an merian-live@travel-house-media.de, wenn Sie Berichtigungen und Ergänzungen haben – und natürlich auch, wenn Ihnen etwas ganz besonders gefällt.

Alle Angaben in diesem Reiseführer sind gewissenhaft geprüft. Preise, Öffnungszeiten usw. können sich aber schnell ändern. Für eventuelle Fehler übernimmt der Verlag keine Haftung.

© 2012 TRAVEL HOUSE MEDIA GmbH, München
MERIAN ist eine eingetragene Marke der GANSKE VERLAGSGRUPPE.

1. Auflage

Alle Rechte vorbehalten. Nachdruck, auch auszugsweise, sowie die Verbreitung durch Film, Funk, Fernsehen und Internet, durch fotomechanische Wiedergabe, Tonträger und Datenverarbeitungssysteme jeglicher Art nur mit schriftlicher Genehmigung des Verlages.

BEI INTERESSE AN DIGITALEN DATEN AUS DER MERIAN-KARTOGRAPHIE:
kartographie@travel-house-media.de

BEI INTERESSE AN ANZEIGENSCHALTUNG:
KV Kommunalverlag GmbH & Co KG
MediaCenterMünchen
Tel. 0 89/92 80 96 44
winzer@kommunal-verlag.de

Ein Unternehmen der
GANSKE VERLAGSGRUPPE

TRAVEL HOUSE MEDIA
Postfach 86 03 66
81630 München
merian-live@travel-house-media.de
www.merian.de

PROGRAMMLEITUNG
Dr. Stefan Rieß
REDAKTION
Anne-Katrin Scheiter
LEKTORAT
Waltraud Ries
BILDREDAKTION
Anna Hoene
SCHLUSSREDAKTION
Kathrin Ullerich
SATZ
Nadine Thiel | kreativsatz
REIHENGESTALTUNG
Independent Medien Design, Elke Irnstetter, Mathias Frisch
KARTEN
Gecko-Publishing GmbH
für MERIAN-Kartographie
DRUCK UND BUCHBINDERISCHE VERARBEITUNG
Stürtz Mediendienstleistungen, Würzburg
GEDRUCKT AUF
Eurobulk von der Papier Union

BILDNACHWEIS

Titelbild (Altstadt von Jerusalem) Look-Foto: age fotostock
Arco Images: Camerabotanica 18 • Bildagentur Huber: R. Schmid 57, 130/131, Szyszka 73, 95 • Doña Rosa 49 • Ezuz Village 21 • F1online: AGE/Rottem 106 • Fotolia: Gorden 112 • Imago: Xinhua 52 • laif: D. Biskup 24, Explorer/J.-M. Coureau 30, hemis.fr/P. Wysocki 96, N. Hilger 14, 17, 22, 33, 34, 62, 65, 75, 109, 120/121, Le Figaro Magazine/E. Martin 2, 4, 36/37, 58, 88, 92, 126, 132, Polaris 10/11, Polaris/Ziv Koren 27, D. Schwelle 38, 42, J. Vrijdag 45 • Mauritius Images: Alamy 28, 68, 76, 79, 82, 101, 102 • Österreichisches Hospiz 12 • Ramot Resort Hotel 86 • Schapowalo: Atlantide 119 • Shutterstock: M. Bezergheanu 125, Gorshkov25 129, B. Katsman 55, Kavram 123, Zebra0209 85 • Ullstein Bild: Imagebroker.net 81, Israelimages 71 • Visum: S. Reents 97, N. van Ryk 116